D1533917

Solo hay un Dios

Reza Aslan

Solo hay un Dios

Breve historia de la evolución del islam

Traducción de Isabel Ferrer y Carlos Milla

indicios

Argentina – Chile – Colombia – España
Estados Unidos – México – Perú – Uruguay – Venezuela

Título original: *No god but God – The Origins and Evolution of Islam*
Editor original: Ember, an imprint of Random House Children's Books, a division of Random House, Inc., New York
Traducción: Isabel Ferrer y Carlos Milla

1.ª edición Septiembre 2015

Copyright © 2015 *by* Ediciones Urano, S.A.U.
Aribau, 142, pral. – 08036 Barcelona
www.indicioseditores.com

ISBN: 978-84-15732-13-6
E-ISBN: 978-84-9944-887-9
Depósito legal: B-14.339-2015

Fotocomposición: Ediciones Urano, S.A.U.
Impreso por: Romanyà-Valls – Verdaguer, 1 – 08786 Capellades (Barcelona)

Impreso en España – *Printed in Spain*

Para mi madre, Soheyla,
y mi padre, Hassan

Índice

1

La religión en la Arabia preislámica

Unas breves palabras sobre los profetas y la religión

Los profetas no *crean* las religiones. Habida cuenta de que toda religión va dirigida al entorno social, espiritual y cultural en el que surge y en el que se desarrolla, debemos ver a los profetas como *reformistas* que redefinen y reinterpretan las creencias y prácticas existentes en sus comunidades. De hecho, muy a menudo son los sucesores del profeta quienes asumen la responsabilidad de transformar las palabras y obras de su maestro en sistemas religiosos unificados y de fácil comprensión.

Al igual que otros muchos profetas antes que él, Mahoma jamás afirmó haber inventado una nueva religión. Por el contrario, el mensaje de Mahoma, como él mismo admitió, pretendía reformar las creencias religiosas y las prácticas culturales existentes en la Arabia preislámica a fin de acercar el Dios de los judíos y los cristianos a los pueblos árabes. «En materia de fe, Él os ha prescrito lo que ya ordenó a Noé —y de lo cual te hemos dado conocimiento [oh, Muhámmad] por medio de la revelación— y también lo que ordenó a Abraham, a Moisés y a Jesús», dice el Corán (42: 13). No debe extrañarnos, pues, que Mahoma, en su juventud, recibiera la influencia del ambiente religioso de la Arabia preislámica. Aunque el movimiento islámico sea único y de inspiración divina, sin duda en sus orígenes tuvo lazos con la sociedad multiétnica y multirreligiosa que alimentó la imaginación del Profeta cuando era joven y le permitió forjar su mensaje revolucionario en un lenguaje fácilmente reconocible para los árabes paganos a quienes se proponía acceder a toda costa. Mahoma, al margen de todo lo que pueda decirse de él, era innegablemente un hombre de su tiempo. Por tanto, para comprender de verdad la naturaleza y el sentido de su mensaje, debemos remontarnos hasta esa época de paganismo —un período apasionante y, sin embargo, desdibujado— a la que los musulmanes llaman *Yahiliya*: «la Edad de la Ignorancia».

La Edad de la Ignorancia: Arabia, el siglo VI e.c.

En el árido y desolado valle de La Meca, rodeado por los desnudos montes del desierto arábigo, se hallaba un pequeño y discreto santuario al que los antiguos árabes llamaban la *Kaaba*: el Cubo. La Kaaba era una estructura cuadrada hecha de piedras, sin argamasa ni tejado, hundida en un valle de arena. Sus cuatro paredes —tan bajas que una cabra joven habría podido saltar por encima— estaban revestidas de tiras de tupida tela. En su base, dos pequeñas puertas labradas en la piedra gris daban acceso al interior sagrado. Era ahí, dentro del reducido santuario, donde residían los dioses de la Arabia preislámica.

En total, según se dice, eran trescientos sesenta los ídolos alojados dentro y alrededor de la Kaaba, y representaban a todos los dioses reconocidos en la península arábiga: desde el dios sirio Hubal y la poderosa diosa egipcia Isis hasta el dios cristiano Jesús y su santa madre, María. Durante los meses sagrados, peregrinos de todos los rincones de la península viajaban hasta esta tierra yerma para visitar a las deidades tribales. Entonaban cantos litúrgicos y bailaban ante los dioses; realizaban sacrificios y elevaban plegarias por su buena salud. A continuación, en un ritual extraordinario cuyos orígenes son un misterio, los peregrinos se agrupaban y giraban siete veces en torno a la Kaaba, deteniéndose algunos de ellos por un momento para besar cada esquina del santuario antes de verse arrastrados de nuevo por la corriente de cuerpos.

Los árabes paganos congregados alrededor de la Kaaba creían que el fundador del santuario fue Adán, el primer hombre. Creían asimismo que el edificio original erigido por Adán quedó reducido a escombros durante el Diluvio Universal y fue reconstruido luego por Noé. También creían que, después de Noé, la Kaaba cayó en el olvido durante siglos, hasta que la redescubrió Abraham en una visita a su concubina, Agar, y su primogénito, Ismael, ambos desterrados a este paraje inhóspito a instancias de la esposa de Abraham, Sara. Y creían que fue en este mismo lugar donde Abraham estuvo a punto de sacrificar a Ismael, idea que abandonó solo ante la promesa de que también Ismael, como su hermano menor Isaac, engendraría una gran nación, cuyos descendientes giran ahora en el valle arenoso de La Meca como un remolino en el desierto.

Naturalmente, todo esto son relatos concebidos para transmitir el *significado* de la Kaaba, no su procedencia. La verdad es que nadie sabe quién construyó la Kaaba ni cuánto tiempo lleva ahí. Es probable que el santuario no fuese siquiera la razón original por la que este lugar se considera sagrado.

También es posible que, para los antiguos árabes, el santuario original poseyera una significación cosmológica. Muchos de los ídolos de la Kaaba guardaban relación con los planetas y las estrellas; por otra parte, la leyenda de que en total ascendían a trescientos sesenta parece indicar connotaciones astrales. Tal vez los peregrinos, con esas siete «vueltas» en torno a la Kaaba, quisieran reproducir el movimiento de los cuerpos celestes. Al fin y al cabo, entre los pueblos antiguos corría la creencia de que los templos y santuarios eran réplicas terrenales de la montaña cósmica de la que había surgido la creación. Puede que la Kaaba, como las pirámides de Egipto o el templo de Jerusalén, se construyera a modo de *axis mundi*: un espacio sagrado alrededor del cual gira el universo, el vínculo entre la tierra y la bóveda celeste sólida.

Por desgracia, los orígenes de la Kaaba, como ocurre con tantas otras cosas referentes a este lugar sagrado, son pura especulación. Lo único que los estudiosos pueden afirmar con relativa certeza es que en el siglo VI e.c. este pequeño santuario hecho de barro y piedra se había convertido en el centro de la vida religiosa de la Arabia preislámica: la época conocida como Yahiliya.

Los árabes paganos

Tradicionalmente, los musulmanes definen la Yahiliya como un tiempo de depravación moral y discordias religiosas: una época en la que los hijos de Ismael enturbiaron la fe en el único Dios verdadero y sumieron la península arábiga en las tinieblas de la idolatría. Pero de pronto, a principios del siglo VII, como si despuntara el alba, apareció en La Meca el profeta Mahoma, predicando un mensaje de absoluto monoteísmo y moralidad inflexible. Por medio de las revelaciones que recibió de Dios, Mahoma puso fin al paganismo de los árabes y sustituyó la Edad de la Ignorancia por la religión universal del islam.

La experiencia religiosa de los árabes preislámicos fue, en realidad, mucho más compleja de lo que podría deducirse a partir de esta tradición. Antes de surgir el islam, la península arábiga se hallaba dominada por el paganismo. Pero *paganismo* es un término carente de significado, peyorativo, creado por quienes están fuera de esa tradición para describir lo que es una diversidad casi ilimitada de creencias y prácticas. La palabra griega *paganus* significa «aldeano rústico» o «zafio», y originalmente la utilizaron los cristianos a modo de insulto para referirse a aquellos que seguían cualquier religión, excepto la suya. A diferencia del cristianismo, el paganismo es una perspectiva religiosa receptiva a numerosas influencias e interpretaciones. El paganismo no aspira ni al universalismo ni al absolutismo moral.

Además, es importante distinguir entre la experiencia religiosa de los beduinos nómadas y la experiencia de las tribus sedentarias que se establecieron en los principales núcleos de población, como por ejemplo La Meca. Puede que el paganismo de los beduinos en la Arabia del siglo VI englobara diversas creencias y prácticas, pero no mostraba interés en las cuestiones metafísicas que se cultivaban en las mayores sociedades sedentarias de Arabia, en especial con respecto a asuntos como la vida después de la muerte. La forma de vida nómada exige una religión que aborde las preocupaciones inmediatas: ¿Qué dios puede guiarnos hasta el agua? ¿Qué dios puede curar nuestras enfermedades?

En cambio, entre las sociedades sedentarias de Arabia, el paganismo había evolucionado a partir de sus manifestaciones anteriores y más simples hasta convertirse en una tradición religiosa compleja, proporcionando una legión de intermediarios divinos y semidivinos que se situaban entre el dios creador y su creación. Este dios creador fue llamado Alá, *Allah,* que no es un nombre propio, sino una contracción de *al ilah,* cuyo significado es sencillamente «el dios». Al igual que su equivalente griego, Zeus, Alá era originariamente una antigua deidad de la lluvia y el cielo, elevada a la función de dios supremo de los árabes preislámicos. Si bien era una deidad poderosa digna de la mayor fe, la destacada posición de Alá en el panteón árabe lo hacía inasequible —como ocurre con casi todos los dioses mayores— a las súplicas de la gente corriente. Convenía más recurrir a dioses menores y más accesibles que actuaban como intermediarios de Alá, entre los cuales gozaban de especial poder sus tres hijas: Allat («la diosa»), Al Uzza («la poderosa») y Manat (la diosa del destino). Estos mediadores divinos no solo estaban representados en la Kaaba, sino que además tenían sus propios santuarios individuales por toda la península arábiga. Era a ellos a quienes rezaban los árabes cuando necesitaban lluvia, cuando sus hijos enfermaban, cuando entablaban combate o emprendían un viaje por el traicionero desierto.

En la Arabia preislámica no había sacerdotes ni escrituras paganas, pero los dioses se manifestaban con frecuencia a través de las declaraciones en éxtasis de ciertos adivinos conocidos como *kahins*. Los *kahins* eran poetas que, a cambio de unos honorarios, entraban en trance y revelaban mensajes divinos por medio de pareados. Procedentes de todos los estratos sociales y económicos, e incluyendo a algunas mujeres, los *kahins* interpretaban los sueños, resolvían crímenes, encontraban animales perdidos, solucionaban disputas y hacían comentarios sobre cuestiones de ética.

Si bien se le llamaba Rey de los Dioses y Señor de la Casa, Alá no era la deidad central de la Kaaba (ese honor correspondía a Hubal, secular dios lunar sirio). Aun así, la destacada posición de Alá en el panteón árabe es un claro indicio de hasta qué punto había evolucionado el paganismo en la península arábiga desde sus elementales raíces animistas. Uno de los ejemplos más llamativos de este proceso lo encontramos en el cántico procesional que, según la tradición, entonaban los peregrinos al acercarse a la Kaaba:

Aquí estoy, oh, Alá, aquí estoy.
Tú no tienes copartícipe,
excepto aquel que es tu copartícipe.
Tú lo posees a él y todo aquello que es suyo.

Esta proclama, sin duda parecida a la profesión de fe musulmana —«No hay dios, sino Dios»—, quizá muestre los primeros indicios en la Arabia preislámica de lo que los estudiosos denominan *henoteísmo*: la fe en un solo Dios supremo, sin rechazar necesariamente la existencia de otros dioses subordinados.

El judaísmo en la Arabia preislámica

Muchos estudiosos están convencidos de que allá por el siglo VI e.c. el henoteísmo se había convertido en el credo más extendido entre los árabes sedentarios, que no solo aceptaban a Alá como Dios supremo, sino que insistían en que era el mismo Dios que Yahvé, el Dios de los judíos. La presencia judía en la península arábiga tiene su origen, en parte, en el exilio babilónico acaecido mil años antes. Los judíos eran, en su mayoría, una comunidad próspera y muy influyente cuya cultura y tradiciones se habían integrado en las esferas social y religiosa de la Arabia preislámica. Ya fueran árabes conversos o inmigrantes llegados de Palestina, los judíos participaban en todos los niveles de la sociedad árabe. Había mercaderes judíos, beduinos judíos, agricultores judíos, poetas judíos y guerreros judíos. Los hombres judíos tenían nombres árabes y las judías lucían tocados árabes. La relación entre los judíos y los árabes paganos era simbiótica no solo en el sentido de que los judíos estaban profundamente arabizados, sino también en el de que los árabes se hallaban muy influidos por las creencias y prácticas judías. Como prueba de esta influencia, basta fijarse en la propia Kaaba, cuyos orígenes mitológicos indican que fue un santuario (*haram* en árabe) semita con hondas raíces en la tradición judía. Adán, Noé, Abraham, Moisés y Aarón estuvieron todos relacionados de un modo u otro con la Kaaba mucho antes de surgir el islam, y la misteriosa Piedra Negra que aún hoy permanece fijada a la esquina suroriental del santuario parece haberse vinculado inicialmente a la piedra sobre la que Jacob, el héroe bíblico, apoyó la cabeza durante su famoso sueño de la escalera.

Los lazos entre el paganismo árabe y el judaísmo cobran pleno sentido si recordamos que los árabes, al igual que los judíos, se consideraron descendientes de Abraham, a quien atribuían no solo el redescubrimiento de la Kaaba, sino también la creación de los ritos de la peregrinación que se desarrollaron allí. Tan venerado era Abraham en Arabia que se le asignó su propio ídolo dentro de la Kaaba, como si él mismo fuera un dios. Eso se debe a que, en la Arabia del siglo VI, el monoteísmo judío no entraba en contradicción con el paganismo árabe. Probablemente, los árabes paganos percibían el judaísmo como una manera más de expresar lo que ellos consideraban sentimientos religiosos similares.

El cristianismo en la Arabia preislámica

Lo mismo podría decirse con respecto a las percepciones árabes del cristianismo, que tuvo una presencia influyente en la península arábiga. Entre los siglos III y VII e.c., Arabia estuvo en primer plano en las guerras entre los imperios cristianos de Roma y Bizancio y el Imperio sasánida (persa). Hacia el siglo VI e.c., el Yemen se había convertido en foco de las aspiraciones cristianas en Arabia; la ciudad de Najrán se consideraba, en general, el núcleo del cristianismo árabe, mientras que en Saná se había construido una descomunal iglesia que, durante un tiempo, rivalizó con La Meca como principal lugar de peregrinación de la región. Como credo proselitista, el cristianismo no permaneció dentro de las fronteras de los territorios árabes. Diversas tribus árabes se habían convertido en masa al cristianismo. Los gasánidas, situados a ambos lados de la frontera entre los imperios romano y bizantino y el mundo árabe, constituían la mayor de estas tribus. Apoyaban activamente los esfuerzos misioneros en Arabia, mientras que en la misma época los emperadores bizantinos enviaron a sus obispos a los últimos confines de los desiertos para captar al resto de los árabes paganos.

Probablemente la presencia del cristianismo en la península arábiga tuvo un efecto considerable en los árabes paganos. (Según las tradiciones, la imagen de Jesús presente en el santuario fue colocada allí por un copto cristiano llamado Baqura.) A menudo se ha señalado que los relatos bíblicos narrados en el Corán dejan entrever cierta familiaridad con las tradiciones y las narraciones del credo cristiano. Existen llamativas similitudes entre las descripciones cristianas y coránicas del apocalipsis, el juicio final y el paraíso que espera a aquellos que han sido salvados. Estas similitudes no entran en contradicción con la creencia musulmana de que el Corán fue una revelación divina, pero sí indican que la visión coránica de los Últimos Días quizá fuera revelada a los árabes paganos por medio de un conjunto de símbolos y metáforas con los que ya estaban familiarizados, gracias en parte a la gran difusión del cristianismo en la región.

La influencia del zoroastrismo en la Arabia preislámica

Mientras que los gasánidas protegían las fronteras del Imperio bizantino, otra tribu árabe, los lajmíes, proporcionaban el mismo servicio al Imperio sasánida. Como herederos imperiales del antiguo reino persa de Ciro el Grande, que había dominado el Asia Central durante casi un milenio, los sasánidas eran zoroastrianos, seguidores del antiguo profeta Zaratustra.

En el centro de la teología zoroastriana se erigía un sistema monoteísta basado en un dios único, Ahura Mazda («el Señor de la Sabiduría»). Como era habitual en la antigüedad, Zaratustra tenía dificultades para concebir que su dios fuera origen del bien y del mal simultáneamente. Desarrolló, pues, un dualismo ético en el que dos espíritus opuestos, *Spenta Mainyu* («el espíritu benéfico») y *Angra Mainyu* («el espíritu hostil»), eran los responsables del bien y del mal, respectivamente.

Aunque estos dos espíritus no eran dioses, sino solo encarnaciones espirituales de la Verdad y la Falsedad, en los tiempos de los sasánidas el monoteísmo inicial de Zaratustra se había transformado en un sistema *dualista* en el que los dos espíritus primordiales se convirtieron en dos deidades enzarzadas en un combate eterno por las almas de la humanidad: Ormuz, el Dios de la Luz, y Ahrimán, el Dios de la Oscuridad. Pese a ser una religión no proselitista a la que, como es sabido, era difícil convertirse, la presencia militar sasánida en la península arábiga redundó, no obstante, en alguna que otra conversión tribal al zoroastrismo.

El hanifismo en la Arabia preislámica

La panorámica que surge de este breve esbozo de la experiencia religiosa de la Arabia preislámica es el de una época en la que el zoroastrismo, el cristianismo y el judaísmo se entremezclaban en una de las últimas regiones que quedaban en el Oriente Próximo dominadas todavía por el paganismo. Estas tres religiones, gracias a la relativa distancia que las separaba de sus respectivos centros de influencia, gozaron de libertad para desarrollar sus propios credos y rituales. En La Meca, el vibrante entorno pluralista se convirtió en caldo de cultivo para audaces ideas nuevas y apasionante experimentación religiosa, siendo la más importante un movimiento monoteísta árabe poco conocido que apareció en algún momento del siglo VI e.c. y se llamó *hanifismo*.

Los legendarios orígenes del hanifismo se relatan en los escritos de uno de los primeros biógrafos de Mahoma, Ibn Hisham. Un día, mientras los habitantes de La Meca celebraban una festividad pagana en la Kaaba, cuatro hombres —Uaraqa Ibn Naufal, Uzmán Ibn Huwairiz, Ubayd Alá Ibn Jahsh y Zaid Ibn Amr— se reunieron en secreto en el desierto. Acordaron, «en los lazos de la amistad», que nunca más volverían a venerar a los ídolos de sus antepasados. Fraguaron el pacto solemne de volver a la religión verdadera de Abraham, a quien no consideraban ni judío ni cristiano, sino un monoteísta puro: un *hanif* (de la raíz árabe *hnf*, que significa «apartarse de», en el sentido de aquel que se aparta de la idolatría). Los cuatro hombres se marcharon de La Meca cada uno por su camino para predicar la nueva religión y buscar a otros como ellos. Al final Uaraqa, Uzmán y Ubayd Alá se convirtieron los tres al cristianismo; Zaid, en cambio, continuó en la nueva fe. A pesar de su llamamiento al monoteísmo y su repudio de los ídolos del santuario, Zaid conservó una profunda veneración por la Kaaba, santuario que consideraba conectado espiritualmente con Abraham. «Busco refugio en aquello en lo que Abraham buscó refugio», declaró Zaid.

Por lo que se sabe, el hanifismo se extendió por toda Arabia occidental, o el Hiyaz, prendiendo especialmente en los núcleos de población importantes. Es imposible precisar cuántos conversos hanif había en la Arabia preislámica, o qué magnitud adquirió el movimiento. No obstante, sí parece evidente que en la península arábiga muchos luchaban activamente por transformar el vago henoteísmo de los árabes paganos en una forma de monoteísmo claramente árabe.

El hanifismo fue, como el cristianismo, una fe proselitista, y por tanto su ideología debió de difundirse por todo el Hiyaz. La mayoría de los árabes sedentarios debieron de oír a predicadores hanif; los habitantes de La Meca debieron de estar sin duda familiarizados con la ideología del hanifismo, y casi con toda seguridad el profeta Mahoma debió de conocerla también.

2

El mundo en el que nació Mahoma

La ética tribal

Para los beduinos, la única forma de sobrevivir en una comunidad donde el movimiento era la norma y la acumulación material no resultaba práctica era mantener un fuerte sentido de la solidaridad tribal por medio del reparto equitativo de los recursos disponibles. Así las cosas, todos los miembros de la tribu tenían una función esencial en el mantenimiento de la estabilidad de la tribu, y la propia tribu era tan fuerte solo como sus miembros más débiles. Ahí intervenía la ética tribal. Su finalidad era conservar una apariencia de igualitarismo social de modo que, independientemente de la posición de cada miembro en particular, todos pudieran compartir los derechos sociales y económicos y los privilegios que preservaban la unidad de la tribu.

En la Arabia preislámica la responsabilidad de mantener la ética tribal recaía en el *sayyid*, *shayj* o jeque de la tribu. Elegido por unanimidad como «el primero entre iguales», el *shayj*, que significa «aquel que lleva las marcas de la vejez», era el miembro más respetado de la comunidad, la figura que representaba la fuerza y los atributos morales de la tribu. Aunque en general se creía que cualidades como el liderazgo y la nobleza eran inherentes a ciertas familias, el jeque no era una posición hereditaria. Aparte de la madurez, el único requisito para convertirse en jeque era encarnar los ideales del *muruwa*: el código de conducta tribal compuesto por importantes virtudes árabes como la valentía, el honor, la hospitalidad, la fuerza en el combate, el interés por la justicia y, por encima de todo, la diligente dedicación al bien colectivo de la tribu.

El jeque poseía poca autoridad ejecutiva real, porque los árabes eran reacios a concentrar todas las funciones del mando en un único individuo. Todas las decisiones importantes se tomaban por medio de una consulta colectiva con otros elementos de la tribu que desempeñaban papeles igual de importantes: el *qaíd*, que actuaba como jefe militar; el *kahin*, o responsable del culto; y el *hakam*, que resolvía las disputas. Puede que en ocasiones el jeque ejerciera una o más de estas funciones, pero su responsabilidad principal era mantener el orden dentro de las tribus y entre ellas, garantizando la protección de todos los miembros de su comunidad, especialmente de aquellos que no podían protegerse por sí solos: los pobres y los débiles, los menores y los ancianos, los huérfanos y las viudas. La lealtad al jeque se simbolizaba mediante un juramento llamado *bayá*, que se hacía al hombre, no al cargo. Si el jeque incumplía su deber de proteger adecuadamente a todos los miembros de la tribu, se le retiraba el juramento y se elegía a otro jefe para sustituirlo.

En una sociedad donde no existía una idea de moralidad absoluta dictada por un código ético divino —unos Diez Mandamientos, por así decirlo—, el jeque disponía de un solo recurso jurídico para mantener el orden en su tribu: la Ley del Talión, representada más popularmente en el concepto un tanto tosco de «ojo por ojo». Lejos de ser un sistema legal barbárico, la Ley del Talión en realidad pretendía limitar la barbarie. Conforme a esta ley, una lesión en el ojo a un vecino restringía el desquite a *solo un ojo y nada más*; el robo de un camello a un vecino imponía el pago de un camello exactamente; matar al hijo de un vecino implicaba la ejecución del propio hijo. A fin de facilitar el castigo, se estableció una cantidad pecuniaria, conocida como «dinero de sangre», para cada bien y cada activo, así como para cada miembro de la sociedad y, de hecho, cada parte del cuerpo de un individuo. En la época de Mahoma, la vida de un hombre libre equivalía aproximadamente a cien camellos; la vida de una mujer libre, a cincuenta.

Recaía en el jeque la responsabilidad de mantener la paz y la estabilidad en la comunidad, velando para que se infligiera el castigo acorde con cada delito cometido en el seno de la tribu. Los delitos cometidos contra personas *externas* a la tribu no solo quedaban impunes, sino que en realidad no eran delitos. El robo, el homicidio o las lesiones causadas a otra persona no se consideraban en sí mismos actos moralmente reprensibles, y se castigaban solo si mermaban la estabilidad de la tribu.

De vez en cuando la sensación de equilibro inherente a la Ley del Talión se veía distorsionada por alguna complicación logística. Por ejemplo, si resultaba que una camella robada estaba preñada, ¿el ladrón adeudaba a la víctima un camello o dos? Como en las sociedades tribales no existía una aplicación formal de la ley ni sistema judicial alguno, en aquellos casos en los que se requería negociación, las dos partes planteaban sus argumentos ante un *hakam*: cualquier parte neutral de confianza que actuara como árbitro en la disputa. Después de exigir una garantía a las dos partes para asegurarse de que ambas se atendrían a la decisión arbitral —que en rigor no podía imponerse—, el *hakam* pronunciaba una declaración legal acreditada: «una camella preñada equivale a dos camellos». Las decisiones de los *hakams*, acumuladas a lo largo del tiempo, se convirtieron en el fundamento de una tradición jurídica normativa, o *sunna*, que servía como código jurídico de la tribu. En otras palabras, ya nunca más se requería un arbitraje para decidir el valor de una camella preñada.

Sin embargo, como cada tribu tenía sus propios *hakams* y su propia *sunna*, las leyes y tradiciones de una tribu no eran necesariamente aplicables a otra. A menudo se daba el caso de que un individuo carecía de protección legal, derechos e identidad social fuera de su propia tribu. Es complicado entender cómo conseguían mantener el orden intertribal los árabes preislámicos cuando en rigor no había nada moralmente incorrecto en robar, herir o matar a alguien fuera de la propia tribu. Las tribus mantenían relaciones entre sí a través de una compleja red de alianzas y filiaciones. Pero la respuesta más sencilla es que si alguien de una tribu causaba daño a un miembro de otra, la tribu perjudicada, si era bastante fuerte, podía exigir el correspondiente castigo. Por consiguiente, era responsabilidad del jeque asegurar que las tribus vecinas comprendieran que cualquier agresión contra su pueblo sería vengada equitativamente. Si no podía proporcionar este servicio, dejaba de ser jeque.

Los coraichitas

Los coraichitas eran la tribu beduina más rica y poderosa establecida en La Meca. Conocidos por todo el Hiyaz como *Ahl Allah,* «la Tribu de Dios», los Guardianes del Santuario, la dominación de los coraichitas en La Meca empezó a finales del siglo IV e.c., cuando un joven ambicioso llamado Qusay consiguió el control de la Kaaba uniendo a varios clanes enemigos bajo su mando. Los clanes de la península arábiga se componían principalmente de grandes familias amplias que se hacían llamar *bayt* (casa) o *banu* (hijos) del patriarca de la familia. El clan de Mahoma se conocía por tanto como Banu Hashim, «los Hijos de Hashim». Por medio de cruces matrimoniales y alianzas políticas, un grupo de clanes podía mezclarse y convertirse en un *ahl* o un *qaum*: un «pueblo», llamado más comúnmente tribu.

La genialidad de Qusay consistió en darse cuenta de que, en La Meca, la fuente del poder residía en su santuario; en pocas palabras, aquel que controlara la Kaaba controlaría la ciudad. Apelando a los sentimientos étnicos de los otros miembros del clan coraichita, a quienes él llamaba «los más nobles y puros entre los descendientes de Ismael», Qusay fue capaz de arrebatar la Kaaba a sus clanes rivales y proclamarse Rey de La Meca. Si bien permitió que los rituales de peregrinación prosiguiesen sin alteración alguna, solo él poseía las llaves del templo. Como consecuencia, recaía únicamente en él la autoridad de suministrar alimento y agua a los peregrinos, presidir las asambleas en torno a la Kaaba donde se realizaban los ritos del matrimonio y la circuncisión, y entregar los estandartes de guerra. A fin de poner más de relieve el poder del santuario para otorgar autoridad, Qusay dividió La Meca en barrios, creando un anillo exterior de asentamientos y otro interior. Cuanto más cerca vivía uno del santuario, mayor era su poder. De hecho la casa de Qusay estaba adosada a la Kaaba.

El significado de esa proximidad entre Qusay y el santuario no pasaba inadvertido a los habitantes de La Meca. Debía de ser difícil permanecer ajeno el hecho de que los peregrinos que giraban alrededor de la Kaaba giraban también alrededor de Qusay. Y como la única manera de acceder al interior sagrado de la Kaaba era a través de una puerta situada dentro de la casa de Qusay, nadie podía acercarse a los dioses del santuario sin pasar ante Qusay. Así, Qusay se arrogó la autoridad tanto política como religiosa en la ciudad. No solo era el Rey de La Meca; era el Guardián de las Llaves.

La innovación de Qusay consistió en establecer lo que se convertiría en el fundamento de la economía de La Meca. Empezó a fortalecer la posición de la ciudad como lugar de culto en el Hiyaz, reuniendo a todos los ídolos venerados por las tribus vecinas y trasladándolos a la Kaaba. A partir de ese momento si uno quería rendir culto, por ejemplo, a los dioses amantes Isaf y Naila, solo podía hacerlo en La Meca, y solo después de pagar un peaje a los coraichitas por el derecho a entrar en la ciudad sagrada. Como Guardián de las Llaves, Qusay también mantenía un monopolio sobre la compra y la venta de bienes y servicios a los peregrinos, que él a su vez financiaba imponiendo tributos a los habitantes de la ciudad y quedándose el excedente. En unos pocos años Qusay, gracias a este sistema, se había convertido en un hombre enormemente rico, al igual que los clanes coraichitas dominantes que habían conseguido unir su suerte a la de él. Pero aún había más beneficios que obtener en La Meca.

Como todos los santuarios semitas, la Kaaba transformó toda la zona circundante en terreno sagrado, convirtiendo la ciudad de La Meca en un espacio neutral donde las luchas estaban prohibidas y no se permitía llevar armas. Se animaba a los peregrinos que viajaban a La Meca en la época de peregrinación a aprovechar la paz y la prosperidad de la ciudad llevando consigo mercancías con que comerciar. Para facilitar esta circunstancia, las grandes ferias comerciales coincidían con el ciclo de peregrinación, y las reglas creadas para lo uno complementaban las reglas creadas para lo otro. Unas cuantas generaciones después de Qusay, bajo la dirección de su nieto y bisabuelo de Mahoma, Hashim, los coraichitas habían conseguido establecer en La Meca una zona comercial modesta pero lucrativa, que dependía casi íntegramente del ciclo de peregrinación a la Kaaba para su subsistencia.

Como se decía que todos los dioses de la Arabia preislámica residían en la Kaaba, todos los pueblos de la península arábiga, fueran cuales fuesen sus creencias, sentían una profunda obligación espiritual para con este único santuario y también para con la ciudad que lo albergaba y la tribu que lo conservaba. Enlazando la vida religiosa y económica de la ciudad, Qusay y sus descendientes habían desarrollado un innovador sistema religioso-económico que dependía del control de la Kaaba y sus ritos de peregrinación para garantizar la supremacía económica, religiosa y política de una sola tribu: los coraichitas.

3

Mahoma en La Meca

El nacimiento de Mahoma

Mahoma, según la tradición musulmana, nació en el año 570 e.c., el mismo año en que Abraha, el gobernador abisinio cristiano del Yemen, atacó La Meca con sus elefantes, dispuesto a destruir la Kaaba y convertir la iglesia de Saná en el nuevo centro religioso de la península arábiga.

En una sociedad sin calendario establecido, el Año del Elefante, como se dio en llamarlo, no solo fue la fecha más importante en la memoria reciente, sino que se convirtió en el comienzo de una nueva cronología árabe. Por eso los primeros biógrafos dataron el nacimiento de Mahoma en el año 570, para que coincidiera con otra fecha destacada. Pero 570 no es el año exacto del nacimiento del Profeta, ni el del ataque abisinio a La Meca; según estudios modernos, ese memorable acontecimiento tuvo lugar alrededor del año 552 e.c.

El hecho es que hoy día nadie sabe cuándo nació Mahoma, como nadie lo sabía tampoco en aquellos tiempos, porque en la sociedad árabe preislámica la fecha de nacimiento no era necesariamente un dato importante. Puede que ni el propio Mahoma supiera en qué año nació. En todo caso nadie habría mostrado el menor interés por la fecha de nacimiento de Mahoma hasta mucho después de reconocérselo como profeta, quizá ni siquiera hasta mucho después de su muerte. Seguramente solo entonces se propusieron sus seguidores determinar el año de su nacimiento a fin de instituir una cronología islámica sólida. ¿Y qué año podían elegir más apropiado que el Año del Elefante? Para bien o para mal, con nuestros métodos históricos modernos solo podemos determinar que Mahoma nació en algún momento hacia finales del siglo VI e.c.

El joven Mahoma

Mahoma, en su tierna infancia, quedó al cuidado de una nodriza beduina, una tradición común entre los árabes de sociedades sedentarias, que querían que sus hijos se criaran en el desierto conforme a las antiguas costumbres de sus antepasados. Y fue en el desierto, como correspondía, donde Mahoma tuvo su primera experiencia profética.

Según la tradición, mientras apacentaba un rebaño de ovejas, se le acercaron dos hombres con vestiduras blancas y un recipiente de oro lleno de nieve. Los dos se echaron sobre él y lo inmovilizaron en el suelo. Le hundieron la mano en el pecho y le sacaron el corazón. Después de extraer del corazón una gota de líquido negro, lo lavaron en la nieve y volvieron a colocárselo cuidadosamente en el pecho antes de desaparecer.

Cuando Mahoma contaba seis años, su madre murió (su padre había muerto antes de su nacimiento), y lo mandaron a vivir con su abuelo Abdel Muttalib, quien desempeñaba una de las funciones paganas más influyentes en la sociedad de La Meca: era el encargado de proporcionar a los peregrinos agua de un pozo cercano llamado Zamzam. Dos años más tarde Abdel Muttalib también murió, y Mahoma, huérfano, quedó a cargo de otro pariente, esta vez su poderoso tío Abu Talib. Compadeciéndose de Mahoma, Abu Talib le dio trabajo en su lucrativo negocio de caravanas. Fue durante una de estas misiones comerciales, camino de Siria, cuando por fin se reveló la identidad profética de Mahoma.

Abu Talib había preparado una gran expedición comercial a Siria, y en el último momento decidió llevarse a Mahoma. Mientras la caravana avanzaba lentamente por aquel paisaje calcinado, un monje cristiano, Bahira, la vio pasar cerca de su monasterio, en Basora.

Bahira poseía un libro secreto de profecías transmitido de generación en generación por los monjes de su orden. Había estudiado muy detenidamente el antiguo manuscrito y descubierto en sus ajadas páginas el advenimiento de un nuevo profeta. Por esta razón decidió dar el alto a la caravana. Bahira advirtió que mientras el convoy avanzaba por el tenue horizonte gris, una pequeña nube permanecía suspendida en todo momento sobre un miembro del grupo, protegiéndolo solo a él del calor de aquel sol implacable. Cuando esa persona se detuvo, la nube se detuvo también; y cuando desmontó de su camello para descansar bajo un árbol, la nube la siguió, envolviendo la escasa sombra del árbol con la suya propia hasta que este inclinó sus finas ramas para ofrecer mayor cobijo a esa persona.

Consciente de la interpretación de estos signos, Bahira envió a los jefes de la caravana un mensaje urgente donde se leía: «He preparado alimentos para vosotros. Me gustaría que vinierais todos, los jóvenes y los viejos, esclavos y libres».

Los miembros de la caravana se sorprendieron. Habían pasado muchas veces ante el monasterio de camino a Siria, y Bahira nunca antes se había fijado en ellos. Con todo, decidieron interrumpir su viaje durante esa tarde y reunirse con el viejo monje. Mientras comían, Bahira advirtió que la persona que él había visto a lo lejos, la que recibía las atenciones de las nubes y los árboles, no se hallaba entre ellos. Preguntó a los hombres si estaban presentes todos los miembros de la caravana. «Que ninguno de vosotros se quede atrás y deje de asistir a mi banquete.»

Los hombres contestaron que estaban presentes cuantos debían estar, excepto, naturalmente, el muchacho, Mahoma, a quien habían dejado vigilando el equipaje. Bahira, jubiloso, insistió en que el muchacho los acompañara también. Cuando Mahoma entró en el monasterio, el monje lo examinó por un momento y declaró ante todos los circunstantes que ese era el Mensajero del Señor de los Mundos. Mahoma contaba entonces nueve años.

Si los relatos sobre la niñez de Mahoma resultan familiares, es porque son un *topos* profético, como lo llaman los estudiosos: un tema literario convencional que puede encontrarse en la mayoría de las mitologías. Al igual que las narraciones de infancia de los Evangelios, estos relatos no pretenden narrar acontecimientos históricos, sino arrojar luz sobre el misterio de la experiencia profética. Responden a las preguntas: ¿Qué significa ser profeta? ¿Uno se convierte en profeta repentinamente, o la condición de profeta es un estado de existencia establecido antes del nacimiento, y de hecho antes del origen de los tiempos? Si es esto último, debe de haber signos que anuncien la llegada del profeta: una concepción milagrosa, quizás, o alguna predicción de la identidad y la misión del profeta.

Así y todo, cuando combinamos estos relatos con lo que sabemos de la sociedad árabe preislámica, podemos extraer de ellos importante información histórica. Por ejemplo, hay razones para concluir que Mahoma era de La Meca y huérfano; que trabajó para la caravana de su tío desde muy joven; que esta caravana realizaba viajes frecuentes por la región y que debía encontrarse con tribus cristianas, zoroastrianas y judías, todas ellas con hondas raíces en la sociedad árabe; y, por último, que Mahoma debía de estar familiarizado con la religión y la ideología del hanifismo, movimiento que se hallaba muy difundido en La Meca y que probablemente creó el marco para el desafío del propio Mahoma a las autoridades paganas que controlaban la ciudad santa.

Mahoma en la sociedad de La Meca

La concentración de riqueza en manos de unas pocas familias influyentes en La Meca no solo había alterado el paisaje social y económico de la ciudad, sino que de hecho había acabado con la ética tribal y erradicado los ideales tribales de igualitarismo social. No existía ya la menor preocupación por los pobres y los marginados; la tribu ya no era tan fuerte solo como sus miembros más débiles. Los jeques coraichitas ahora estaban mucho más interesados en acumular riqueza personal y mantener el aparato del comercio que en velar por los desposeídos.

Con la desaparición de la ética tribal, la sociedad mequí pasó a ser rigurosamente estratificada. Ocupaban la posición más elevada los jefes de las familias coraichitas influyentes. Si uno tenía la suerte de adquirir capital suficiente para iniciar un pequeño negocio, podía aprovechar plenamente el sistema religioso-económico de la ciudad. Pero para la mayoría de los habitantes de La Meca eso sencillamente no era posible. Para aquellos despojados de protección formal —como los huérfanos y las viudas, que no tenían acceso a herencia—, la única opción era pedir dinero prestado a los ricos a unos tipos de interés exorbitantes, lo cual inevitablemente llevaba al endeudamiento, lo cual a su vez llevaba a una pobreza opresiva y, en último extremo, a la esclavitud.

Mahoma, como huérfano, comprendía la difícil situación de quienes quedaban excluidos del sistema religioso-econonómico de La Meca. Por suerte para él, su tío y nuevo custodio, Abu Talib era también el jeque del Banu Hashim, los hachemíes, un pequeño clan, no muy rico pero prestigioso, perteneciente a la poderosa tribu de los coraichitas. Fue Abu Talib quien impidió que Mahoma se endeudara y acabara en la esclavitud, el destino de muchos huérfanos de La Meca, proporcionándole una casa y la oportunidad de ganarse la vida trabajando en su caravana.

No cabe duda que Mahoma hacía bien su trabajo. Las tradiciones conceden gran importancia a su éxito como hábil mercader, capaz de cerrar un trato lucrativo. A pesar de su baja posición social en La Meca, era muy conocido en toda la ciudad como hombre recto y devoto. Su apodo era *Al Amin,* «Digno de Confianza», y alguna que otra vez lo eligieron para actuar como *hakam* en disputas menores.

Por honrado o apto que fuese, a principios del siglo VII era un hombre de veinticinco años todavía soltero, sin capital ni negocio propio, que dependía por completo de la generosidad de su tío para disfrutar de un empleo y una vivienda. De hecho, sus perspectivas de futuro eran tan deprimentes que cuando pidió la mano a Umm Hani, la hija de su tío, ella lo rechazó rotundamente y optó por un pretendiente más próspero.

La situación de Mahoma cambió en cuanto atrajo la atención de una distinguida viuda de cuarenta años llamada Jadiya. Mercader rica y respetada en una sociedad que trataba a las mujeres como esclavas y les prohibía heredar las propiedades de sus maridos, Jadiya consiguió convertirse en uno de los miembros más estimados de la sociedad de La Meca. Era dueña de un floreciente negocio de caravanas y la pretendían muchos hombres, quienes en su mayoría habrían echado mano a su dinero de buena gana.

Según el historiador Ibn Hisham, Jadiya conoció a Mahoma cuando lo contrató para guiar una de sus caravanas. Había oído hablar de su «sinceridad, fiabilidad y nobleza de carácter» y decidió confiarle una expedición especial a Siria. Mahoma regresó de ese viaje casi con el doble de los beneficios que Jadiya esperaba, y ella lo recompensó con una propuesta de matrimonio.

El enlace con Jadiya allanó el camino de Mahoma para ser aceptado en los niveles más altos de la sociedad de La Meca y lo introdujo de pleno en el sistema religioso-económico de la ciudad. A decir de todos, dirigió el negocio de su esposa con gran éxito, mejorando de posición social y enriqueciéndose hasta pertenecer no a la élite gobernante, pero sí a lo que anacrónicamente podría considerarse «la clase media».

Las primeras revelaciones de Mahoma

A pesar de su éxito, Mahoma vivía de manera muy conflictiva el desdoblamiento de su posición en la sociedad de La Meca. Por un lado, era conocido por su generosidad y la imparcialidad con que dirigía su negocio. Aunque ahora era un mercader respetado y relativamente próspero, a menudo realizaba retiros solitarios de «autojustificación», la práctica pagana conocida como *tahanuz,* en las montañas y cañadas próximas al valle de La Meca, y donaba asiduamente dinero y alimentos a los pobres en un ritual de caridad religioso vinculado al culto de la Kaaba. Por otro lado, era al parecer muy consciente de su complicidad con el sistema religioso-económico de La Meca, que explotaba a las masas desprotegidas de la ciudad a fin de preservar la riqueza y el poder de la élite. Durante quince años luchó con esa incoherencia entre su forma de vida y sus creencias; a los cuarenta años, era un hombre profundamente atribulado.

Una noche del año 610 e.c., mientras meditaba en el monte Hira durante uno de sus retiros religiosos, tuvo un encuentro que cambiaría el mundo.

Estaba solo en una cueva, abstraído en la meditación, y de pronto una presencia invisible lo estrechó entre sus brazos. Forcejeó para zafarse, pero no pudo moverse. Se sumió en una oscuridad sobrecogedora. La presión en su pecho aumentó hasta cortarle la respiración. Se sintió morir. Cuando exhalaba su último aliento, oyó una voz aterradora y lo envolvió una luz «como si rayara el alba».

—¡Recita! —ordenó la voz.

—¿Qué debo recitar? —preguntó Mahoma entrecortadamente.

La presencia invisible lo estrechó aún más.

—¡Recita!

—¿Qué debo recitar? —volvió a preguntar Mahoma a la vez que notaba cómo se le hundía el pecho.

La presencia lo estrechó aún más y la voz repitió su orden. Finalmente, cuando creía que ya no resistiría más, cesó la presión en su pecho. Entonces, en el silencio que reinaba en la cueva, Mahoma sintió que estas palabras quedaban grabadas en su corazón:

¡Lee en el nombre de tu Sustentador, que ha creado,
ha creado al hombre de una célula embrionaria!
¡Lee, que tu Sustentador es el Más Generoso!
Ha enseñado [al hombre] el uso de la pluma,
enseñó al hombre lo que no sabía (96:1-5).

Ese fue el arbusto en llamas de Mahoma: el momento en que dejó de ser un comerciante de La Meca preocupado por los males que aquejaban a la sociedad y se convirtió en lo que en la tradición abrahámica se llama *profeta*. Sin embargo, Mahoma, como sus grandes predecesores proféticos —Abraham, Moisés, David y Jesús—, sería algo más.

Los musulmanes creen en la continua autorrevelación de Dios, desde Adán hasta todos los profetas que han existido en todas las religiones. En árabe se llama a estos profetas *nabí*, personas que han decidido transmitir el mensaje divino de Dios a toda la humanidad. Pero a veces un nabí debe sobrellevar la carga extra de divulgar textos sagrados: Moisés, que reveló la Torá; David, que compuso los Salmos; Jesús, cuyas palabras inspiraron los Evangelios. Un individuo así es más que un simple profeta; es un Mensajero de Dios: un *rasul*. Así, Mahoma el mercader de La Meca, quien en el transcurso de los siguientes veintitrés años recitaría el texto completo del Corán (que significa, literalmente, «la Recitación»), pasaría a ser conocido en adelante como *Rasul Allah*: «el Mensajero de Dios».

Es difícil describir cómo debió de ser para Mahoma esa primera experiencia de Revelación. Las fuentes son imprecisas, a veces contradictorias. Ibn Hisham afirma que Mahoma estaba dormido cuando la Revelación llegó a él en forma de sueño. Al Tabari, en cambio, sostiene que el profeta estaba de pie cuando la Revelación lo obligó a postrarse de rodillas; le temblaron los hombros e intentó alejarse a rastras. La orden *(iqra)* que Mahoma oyó en la cueva se entiende mejor como «recita» en la biografía de Al Tabari, pero sin duda quiere decir «lee» en la de Ibn Hisham. De hecho, según una de las tradiciones de Ibn Hisham, la primera recitación en realidad fue escrita en un brocado mágico y colocada ante Mahoma para que la leyera.

La tradición musulmana se centra en la definición de *iqra* («recita») ofrecida por Al Tabari, sobre todo para poner de relieve la idea de que el profeta era analfabeto, lo cual, dicen algunos, queda validado por el epíteto que se da a Mahoma en el Corán: *an nabí al ummi,* cuyo significado se interpreta tradicionalmente como «el Profeta iletrado». Pero si bien el analfabetismo de Mahoma puede dar realce al milagro del Corán, carece de justificación histórica. Como han demostrado muchos estudiosos, *an nabí al ummi* debería interpretarse más bien como «el Profeta para los iletrados» (es decir, sin Escrituras), traducción que coincide tanto con la gramática de la frase como con la opinión de Mahoma de que el Corán es la Revelación para un pueblo sin libro sagrado: «no les hemos dado [a los árabes] otras revelaciones que puedan citar, ni les hemos enviado ningún advertidor antes de ti» (34:44).

La realidad es que sería sumamente improbable que un mercader con éxito como Mahoma no supiera leer y escribir los documentos de su propio negocio. Obviamente no era un escriba ni un estudioso, y en modo alguno poseía la destreza verbal de un poeta. Pero debía de saber leer y escribir un árabe básico —nombres, fechas, mercancías, servicios— y, habida cuenta de que muchos de sus clientes eran judíos, incluso es posible que tuviera conocimientos rudimentarios de arameo.

En las tradiciones también se observan discrepancias sobre la edad de Mahoma cuando le llegó la Revelación: algunos cronistas dicen que tenía cuarenta años; otros sostienen que contaba cuarenta y tres. Aunque no es posible saberlo de manera concluyente, el estudioso Lawrence Conrad señala que entre los antiguos árabes se creía comúnmente que «un hombre solo llega a la culminación de sus facultades físicas e intelectuales a los cuarenta años».

El Corán confirma esta creencia atribuyendo la madurez del hombre a los cuarenta años de vida (46:15). En otras palabras, puede que los biógrafos antiguos estuvieran extrayendo conjeturas al intentar calcular la edad de Mahoma en el monte Hira, como probablemente también conjeturaron el año de su nacimiento.

Existe gran confusión asimismo acerca de la fecha exacta de esa primera experiencia reveladora. Se dice que ocurrió el día 14, 17, 18 o 24 del mes de Ramadán. En el seno de la comunidad en sus primeros tiempos se discutía incluso cuál fue exactamente la primera recitación: algunos cronistas afirman que la primera orden de Dios no fue «recita» ni «lee», sino «¡levántate y advierte!»

Quizá la razón por la que las tradiciones son tan imprecisas y contradictorias sea que no hubo un único acontecimiento revelador trascendental que diera inicio a la condición profética de Mahoma, sino más bien una serie de experiencias sobrenaturales indescriptibles menores que llegaron a su culminación en un último encuentro violento con el Divino. Aisha, que se convertiría en el compañero más cercano y más querido del Profeta, afirmó que los primeros signos de su condición de profeta tuvieron lugar mucho antes de la experiencia del monte Hira. Estos signos se presentaron en forma de visiones que asaltaban a Mahoma en sus sueños, y eran tan perturbadoras que lo inducían a buscar cada vez más la soledad. «Nada le agradaba tanto como estar solo», recordaba Aisha.

Según parece, las perturbadoras visiones de Mahoma iban acompañadas de percepciones auditivas. Ibn Hisham deja constancia de que cuando el profeta partía rumbo a las «cañadas de La Meca» en busca de soledad, las piedras y los árboles del camino, a su paso, decían: «La paz sea contigo, oh, Apóstol de Alá». Cuando esto ocurría, Mahoma «se volvía a derecha e izquierda y miraba atrás, sin ver nada más que árboles y piedras». Estas alucinaciones auditivas y visuales siguieron produciéndose hasta que oyó la llamada de Dios en el monte Hira.

Casi con toda seguridad Mahoma, como todos los profetas antes que él, no quería saber nada de la llamada de Dios. Tan abatido quedó tras la experiencia que su primera idea fue quitarse la vida.

A juicio de Mahoma, solo los *kahin*, a quienes despreciaba por considerarlos charlatanes censurables, recibían mensajes de los cielos. Si su experiencia en el monte Hira significaba que estaba convirtiéndose en *kahin* y que sus colegas de La Meca iban a considerarlo ahora como tal, prefería la muerte.

Mahoma no iba desencaminado al temer que pudieran compararlo con un *kahin*. Un aspecto de esos primeros versículos de la Revelación que se pierde en todas las traducciones es su exquisita calidad poética. La recitación inicial y aquellas inmediatamente posteriores fueron dictadas en pareados muy similares a las alocuciones extáticas de los *kahin*. Esto no debía de causar extrañeza; al fin y al cabo, los árabes estaban acostumbrados a oír hablar a los dioses en verso, ya que la poesía elevaba su lenguaje al reino de lo divino. Pero mucho después, cuando el mensaje de Mahoma empezó a entrar en conflicto con la élite mequí, sus enemigos se aferrarían a las similitudes entre los oráculos de los *kahin* y las recitaciones de Mahoma, preguntando con sorna: «¿Vamos a dejar a nuestras deidades porque lo diga un poeta loco?» (37:36).

El hecho de que en el Corán haya docenas de versículos en los que se refuta la acusación de que Mohama era un *kahin* indica hasta qué punto era importante esa cuestión para la comunidad musulmana en sus orígenes. A medida que el movimiento mahometano se propagaba por toda la región, la Revelación era cada vez más prosaica y abandonaba el estilo oracular de los versículos iniciales. Sin embargo, al principio, Mahoma sabía exactamente qué dirían de él, y la idea de que sus contemporáneos lo consideraran un *kahin* bastó para llevarlo al borde del suicidio.

Con el tiempo, Dios alivió la ansiedad de Mahoma asegurándole que era un hombre cuerdo. Pero podemos afirmar sin miedo a equivocarnos que, a no ser por Jadiya, quizá Mahoma habría llevado a término su plan, y la historia habría acabado siendo muy distinta.

«Por medio de ella, Dios aligeró la carga de Su profeta —escribe Ibn Hisham en alusión a la singular Jadiya—. ¡Que Dios Todopoderoso tenga piedad de ella!»

Todavía asustado y tembloroso por su experiencia en la cueva, Mahoma se encaminó de regreso a casa, donde se acercó a su esposa y exclamó: «¡Abrázame! ¡Abrázame!»

Jadiya lo envolvió de inmediato con su manto y lo estrechó entre sus brazos hasta que cesaron los temblores y las convulsiones. Mahoma, en cuanto se calmó, intentó explicar lo ocurrido llorando sin reservas.

—Jadiya —dijo—, creo que me he vuelto loco.

—Eso no puede ser, querido mío —contestó ella, acariciándole el pelo—. Dios no te trataría así, porque conoce tu sinceridad, tu integridad, tu buen carácter y tu bondad.

Pero Jadiya, como Mahoma seguía inconsolable, se atavió con sus prendas y fue en busca de la única persona que sabría qué le pasaba a su marido: Uaraqa, su primo cristiano, el mismo que había formado parte de los hanif originales antes de convertirse al cristianismo. Uaraqa conocía las escrituras lo suficiente para identificar la experiencia de Mahoma.

«Es un profeta de este pueblo —aseguró Uaraqa a su prima después de oírla—. Dile que se mantenga firme.»

Aun así, Mahoma no sabía bien qué debía hacer ahora que Dios lo había llamado. Para complicar aún más las cosas, cuando Mahoma más necesitaba unas palabras tranquilizadoras, Dios enmudeció. A esa primera experiencia reveladora en el monte Hira siguió un largo período de silencio, hasta el punto de que pasado un tiempo incluso Jadiya, que jamás había dudado de que la experiencia de Mahoma era verdad, empezó a poner en duda su significado.

Finalmente, cuando Mahoma estaba en su punto más bajo, el cielo le envió los segundos versículos con tan dolorosa violencia como los primeros, estos para asegurarle que, le gustara o no, ahora era el Mensajero de Dios:

¡Tú no eres, por la gracia de tu Sustentador, un loco!
Y, realmente, recibirás una recompensa incesante,
pues, ciertamente, observas en verdad un modo de vida sublime;
y [un día] tú verás, y verán esos [que ahora se burlan de ti],
quién de vosotros estaba falto de juicio (68:1-5).

Ahora Mahoma ya no tenía más opción que aceptar su llamada.

Los versículos iniciales que Mahoma reveló a los habitantes de La Meca pueden dividirse en dos temas principales, el religioso y el social, aunque empleó el mismo lenguaje para ambos. En primer lugar, Mahoma ensalzó el poder y la gloria del Dios gracias a quien «hendimos profundamente la tierra [con nuevos brotes], tras lo cual hacemos que crezca en ella el grano, vides y hortalizas; y olivos, palmeras y frondosos jardines; y frutas y herbaje» (80:26-31). Este no era el mismo Dios supremo, poderoso y distante, que ya conocía la mayoría de la gente en La Meca. Este era un Dios *bueno*, que amaba profundamente la creación. Este Dios era *al Rahman*, «el más misericordioso» (55:1), *al Akram*, «el más generoso» (96:3). Como tal, este era un Dios digno de gratitud y veneración.

En estos versículos iniciales del Corán sobre el poder y la bondad de Dios, también brilla por su ausencia una declaración firme de monoteísmo o una crítica concluyente del politeísmo. Al principio, Mahoma parecía más interesado en revelar qué clase de Dios era Alá que en cuántos dioses había. Quizás esto se debió, como ya hemos mencionado antes, a que Mahoma se dirigía a una comunidad donde se daban ya ciertas tendencias monoteístas, o como mínimo henoteístas. Los coraichitas no necesitaban oír que existía solo un Dios; ese mensaje les había llegado ya muchas veces antes de los judíos, los cristianos y los hanif, y no discrepaban forzosamente. Mahoma, en este punto de su ministerio, tenía un mensaje mucho más apremiante.

Ese mensaje —el segundo tema presente en la mayor parte de las recitaciones iniciales de Mahoma— tenía que ver casi exclusivamente con la desaparición de la ética tribal en La Meca. Mahoma, en términos muy enérgicos, condenó los malos tratos y la explotación padecidos por los débiles y los desprotegidos. Exigió el fin de los contratos falsos y la práctica de la usura, que había llevado a los pobres a la esclavitud. Habló de los derechos de los desfavorecidos y los oprimidos y, para asombro de todos, afirmó que era el deber de los ricos y los poderosos atender las necesidades de los desvalidos. «No seas, pues, injusto con el huérfano, y al que busca [tu] ayuda no le rechaces» (93:9-10).

Eso no era un consejo amistoso; era una advertencia. Dios había visto la codicia y la maldad de los coraichitas y no seguiría tolerándola.

¡Ay de todo aquel que difama, que critica!
¡[Ay de aquel] que amasa riqueza y la considera como salvaguardia, creyendo que su riqueza le hará vivir eternamente!
¡Qué va! ¡Ciertamente, [en la Otra Vida] será arrojado a un tormento demoledor!
¿Y qué puede hacerte concebir lo que será ese tormento demoledor?
Un fuego encendido por Dios (104:1-6).

Mahoma se consideraba, por encima de todas las cosas, alguien que advertía y llevaba un mensaje a aquellos de su comunidad que continuaban maltratando a los huérfanos, que no inducían a los demás a dar de comer a los necesitados, que rezaban a los dioses a la vez que permanecían ajenos a sus obligaciones morales, y que privaban al prójimo de cosas de uso común (107:1-7). Su mensaje era sencillo: el Día del Juicio se acercaba, «cuando el cielo se resquebraje, en obediencia a su Sustentador, como debe;

y cuando la tierra sea aplanada» (84:1-3), y a aquellos que no liberaran «a un ser humano de la esclavitud» o no alimentaran «en tiempos de escasez a un pariente huérfano», los envolvería el fuego (90:13-20).

Este era un mensaje radical, un mensaje que nunca se había oído en La Meca. Mahoma todavía no estaba estableciendo una religión nueva; solo reivindicaba una contundente reforma social. Todavía no predicaba el monoteísmo; exigía justicia económica. Y por este mensaje revolucionario y profundamente innovador despertó relativa indiferencia.

Los primeros seguidores

Según todas las tradiciones, Mahoma en un principio restringió la Revelación a sus amigos íntimos y familiares. La primera persona que aceptó su mensaje fue obviamente Jadiya, quien, desde el momento en que lo conoció hasta su muerte, permaneció al lado de su marido, sobre todo en las épocas de mayor desaliento. Si bien existe mucho debate sectario entre los musulmanes acerca de quién fue la segunda persona que aceptó el mensaje, cabe suponer sin temor a equivocarse que fue el primo de Mahoma, Alí, quien, como hijo de Abu Talib, se había criado en la misma casa que el Profeta y era la persona más cercana a él después de su esposa.

Para Mahoma, la aceptación de Alí representó un gran alivio, porque no solo era su primo, sino también su más estrecho aliado: el hombre a quien el Profeta se refirió repetidamente como «hermano». Con el tiempo, Alí maduraría hasta convertirse en el guerrero más respetado del islam. Contraería matrimonio con Fátima, la querida hija de Mahoma, y proporcionaría al Profeta sus legendarios nietos Hasán y Husain. Considerado iniciador del conocimiento esotérico y padre de la metafísica islámica, Alí sería un día el inspirador de una secta totalmente nueva en el islam. Sin embargo, en el momento en que se erigió como el primero entre los Banu Hashim en responder a la llamada del Profeta contaba solo trece años.

A la conversión de Alí siguió de inmediato la del esclavo de Mahoma, Zaid, a quien naturalmente liberó. Poco después Abu Bakr, querido amigo de Mahoma y rico mercader coraichita, se convirtió en seguidor. Hombre profundamente leal y fervorosamente devoto, su primera acción tras aceptar el mensaje de Mahoma fue dedicar su riqueza a comprar y liberar a esclavos de otros mercaderes hasta quedarse casi sin nada. Por mediación de Abu Bakr, el mensaje se propagó por toda la ciudad, porque, como atestigua Ibn Hisham, no era hombre que se guardara esas cosas para él solo, sino que «demostraba su fe abiertamente y llamaba a los demás para que se acercaran a Dios y su apóstol».

El movimiento de Mahoma en La Meca tiene varios aspectos dignos de mención. Si bien su mensaje al final llegó a casi todos los sectores de la sociedad —desde los débiles y los desprotegidos cuyos derechos defendía hasta la élite contra la que predicaba—, el rasgo más sorprendente de su movimiento durante esos primeros años es que entre sus seguidores se contaban principalmente individuos pertenecientes a lo que el estudioso Montgomery Watt ha llamado «las familias más influyentes de las clases más influyentes». Estos eran hombres jóvenes, en su mayoría menores de treinta años, que compartían con Mahoma el descontento ante la sociedad mequí. Y, sin embargo, no todos eran hombres: muchos de los primeros seguidores de Mahoma eran mujeres, quienes a menudo arriesgaban sus vidas al rechazar las tradiciones de sus padres, maridos y hermanos para unirse al movimiento.

No obstante, debido a la reticencia de Mahoma, durante esos primeros años este grupo no pasó de treinta o cuarenta personas, que se presentaban como «compañeros» de Mahoma, ya que por entonces eso eran. Por lo que a los demás ciudadanos de La Meca se refería, era mejor pasar por alto el mensaje de Mahoma y sus compañeros.

El impacto de «Solo hay un Dios»

En 613, tres años después de iniciarse la Revelación, el mensaje de Mahoma experimentó una transformación espectacular, que puede resumirse en la doble profesión de fe, o *shahadá*, que en adelante definiría tanto la misión como los principios del movimiento: solo hay un Dios, y Mahoma es el Mensajero de Dios.

A partir de este punto en el ministerio de Mahoma el monoteísmo implícito en las primeras recitaciones pasó a ser la teología dominante detrás de lo que hasta ese momento había sido un mensaje en esencia social. «Así pues, proclama abiertamente todo lo que se te he ordenado [decir], y aléjate de aquellos que atribuyen divinidad a algo junto con Dios» (15:94).

Aunque por lo común se da por supuesto que fue este nuevo monoteísmo inflexible lo que en último extremo concitó las iras de los coraichitas contra Mahoma y su pequeño grupo de seguidores, este punto de vista no tiene en cuenta las profundas consecuencias sociales y económicas implícitas en esa simple declaración de fe.

No debemos olvidar que los coraichitas poseían una concepción muy desarrollada de la religión. Al fin y al cabo, era su medio de vida. Politeísmo, henoteísmo, monoteísmo, cristianismo, judaísmo, zoroastrismo, hanifismo, paganismo en todas sus formas…, los coraichitas lo habían visto todo. Cuesta creer que los conmocionaran los postulados monoteístas de Mahoma. No solo los hanif venían predicando eso mismo desde hacía años, sino que además las tradiciones enumeran unas cuantas figuras proféticas bien conocidas que vivían en distintas partes del Hiyaz y también predicaban el monoteísmo. De hecho, los primeros musulmanes veneraban a dos de estos «profetas» —Suwayd y Luqman— como predecesores de Mahoma. Luqman incluso tiene su propio capítulo en el Corán (31), donde se lo describe como un hombre a quien Dios había otorgado gran sabiduría. Por tanto, desde una perspectiva teológica, la declaración de Mahoma, «solo hay un Dios», no habría sido ni escandalosa ni, de hecho, original en La Meca.

Aun así, existen dos factores importantes que distinguían a Mahoma del resto de sus contemporáneos, factores que debieron de encolerizar a los coraichitas mucho más que sus creencias monoteístas.

En primer lugar, a diferencia de Luqman y los hanif, Mahoma no hablaba de su propia autoridad. Por el contrario, era un caso único porque se presentaba como Mensajero de Dios. Incluso llegó al punto de identificarse repetidamente con los profetas y mensajeros judíos y cristianos que lo habían precedido, en especial con Abraham, a quien todos los habitantes de La Meca —paganos o no— consideraban un profeta de inspiración divina. En pocas palabras, la diferencia entre Mahoma y los hanif era que aquel no solo predicaba «la religión de Abraham», sino que era el nuevo Abraham (6:83-86; 21:51-93) y fue precisamente esta imagen de sí mismo lo que causó tan gran alteración entre los coraichitas. Proclamándose Mensajero de Dios, Mahoma transgredía manifiestamente el proceso árabe tradicional por el que se confería el poder. Esa no era una autoridad que se le hubiese concedido a Mahoma como «primero entre iguales». Mahoma no tenía iguales.

En segundo lugar, como ya se ha mencionado, es posible que los predicadores hanif atacaran el politeísmo y la codicia de sus conciudadanos, pero mantuvieron un profundo respeto por la

Kaaba y aquellos miembros de la comunidad que actuaban como Guardianes de las Llaves. Eso explicaría por qué los hanif eran al parecer tolerados en La Meca, y por qué nunca se convirtieron multitudinariamente al movimiento de Mahoma. Pero este, como hombre de negocios y mercader, entendía algo que escapaba a la comprensión de los hanif: la única manera de provocar una reforma social y económica radical en La Meca era derrocar el sistema religioso-económico en el que se fundaba la ciudad; y la única manera de lograrlo era atacar la raíz misma de la riqueza y el prestigio coraichita, la Kaaba.

«Solo hay un Dios» era, para Mahoma, mucho más que una profesión de fe. Esta declaración era un ataque consciente e intencionado contra la Kaaba y también contra el derecho sagrado de los coraichitas a administrarla. Y como en La Meca la vida religiosa y la vida económica estaban inextricablemente entrelazadas, cualquier ataque contra lo uno era por fuerza un ataque contra lo otro.

Ciertamente la *shahadá* contenía una importante innovación teológica, pero esa innovación no era el monoteísmo. Con esta simple profesión de fe, Mahoma declaraba a La Meca que el Dios de los cielos y de la tierra no requería intermediarios de ningún tipo, pero cualquiera podía acceder a él. Así, los ídolos del santuario, y de hecho el propio santuario como depositario de los dioses, era totalmente inútil. Y si la Kaaba no servía de nada, no existía ya razón alguna para que La Meca conservara la supremacía como centro religioso o económico del Hiyaz.

Los coraichitas no podían pasar por alto este mensaje, sobre todo porque se avecinaba la temporada de peregrinación. Procuraron por todos los medios acallar la voz de Mahoma y sus compañeros. Acudieron en busca de ayuda a Abu Talib, pero el jeque de los hachemíes, pese a que personalmente nunca aceptaría el mensaje de Mahoma, se negó a retirar la protección a su sobrino.

Manifestaron su desprecio por Mahoma e insultaron a aquellos de sus compañeros que no tenían la suerte de gozar de la protección de un jeque. Incluso ofrecieron a Mahoma toda la libertad, el apoyo, el poder y el dinero que deseara para proseguir con su movimiento en paz, siempre y cuando dejara de ofender a sus antepasados, burlarse de sus costumbres, dividir a sus familias y, sobre todo, maldecir a los otros dioses del santuario. Pero Mahoma no accedió, y cuando llegó la hora de que los peregrinos se reunieran una vez más en La Meca con sus plegarias y sus mercancías, la ansiedad de los coraichitas alcanzó grados extremos.

Los coraichitas sabían que Mahoma se proponía acudir a la Kaaba y pronunciar su mensaje en persona ante los peregrinos allí reunidos, llegados de todos los rincones de la península. Y aunque quizás esa no fuera la primera vez que un predicador condenaba a los coraichitas y sus prácticas, sí era sin duda la primera vez que esa condena partía de un comerciante coraichita próspero y muy conocido; es decir, «uno de los suyos». Conscientes de que eso representaba una amenaza que no podía tolerarse, los coraichitas pusieron en práctica una estrategia para prevenir los planes de Mahoma: se sentaron «en los caminos que los hombres toman cuando vienen a la feria» y advirtieron a cuantos pasaban por allí de que los esperaba en la Kaaba «un hechicero, portador de un mensaje destinado a separar a un hombre de su padre, o de su hermano, o de su esposa, o de su familia», y no debían prestarle atención.

Los coraichitas en realidad no creían que Mahoma fuese un hechicero; reconocían sin reservas que pronunciaba sus recitaciones «sin escupitajos ni nudos», rituales asociados por lo visto con la hechicería. Pero sí tenían la absoluta convicción de que dividía a las familias de La Meca. La conversión al movimiento de Mahoma no solo implicaba cambiar de fe, sino, además, apartarse de las actividades de la tribu o, en esencia, autoexcluirse.

Esto preocupaba mucho a los coraichitas, cuya principal queja contra Mahoma (al menos en público) no era ni su llamamiento a la reforma social y económica ni su monoteísmo radical. De hecho, no hay en todo el Corán una sola defensa coraichita del politeísmo basada en la convicción de que era la verdad. Por el contrario, como indicaban sus advertencias a los peregrinos, los coraichitas parecían más molestos por el insistente rechazo de Mahoma a los rituales y los valores tradicionales de sus antepasados, tradiciones sobre las que se asentaban los cimientos sociales, religiosos y económicos de la ciudad, que por su mensaje monoteísta.

En todo caso, como era de prever, la advertencia de que no debía prestarse atención al «hechicero» presente en la Kaaba no hizo más que aumentar el interés en el mensaje de Mahoma; tanto fue así que cuando el ciclo de peregrinación y las ferias en el desierto terminaron y los peregrinos se marcharon a sus casas, Mahoma —el hombre que tanto había asustado a los intocables coraichitas— era el tema de conversación en toda Arabia.

Después del fallido intento de acallar a Mahoma durante la feria de la peregrinación, los coraichitas decidieron tomar ejemplo del Profeta y atacarlo de la misma manera que él los había atacado a ellos: económicamente. Se sometió a un boicot no solo a Mahoma y sus compañeros, sino, a la manera tribal, a todo el clan de Mahoma. En adelante no se permitió a nadie en La Meca casarse con ningún miembro de los Banu Hashim, ni comprarles o venderles mercancía alguna (incluidas la comida y el agua) al margen de que fueran seguidores o no de Mahoma.

Con este boicot, los coraichitas no pretendían matar de hambre a los compañeros de Mahoma para expulsarlos de La Meca; era solo una manera de mostrar las consecuencias de excluirse de la tribu. Si Mahoma y sus compañeros deseaban separarse de las actividades sociales y religiosas de La Meca, debían estar dispuestos a separarse de su economía. Al fin y al cabo, si en La Meca la religión y el comercio eran indivisibles, nadie podía negar lo uno tan descaradamente y a la vez esperar participar en lo otro.

Como se preveía, el boicot fue devastador para los compañeros, la mayoría de los cuales, incluido Mahoma, vivían aún del comercio. De hecho, el boicot resultó tan destructivo que fue objeto de las protestas de algunos destacados coraichitas que habían rechazado a Mahoma, pero ya no podían soportar «comer alimentos, tomar bebida y vestir ropa mientras los Banu Hashim perecían». Pasados unos meses se levantó el boicot y se autorizó de nuevo a los Banu Hashim a intervenir en el comercio de la ciudad. Pero justo cuando parecía que Mahoma se afianzaba otra vez en La Meca, recayó en él la tragedia con las muertes casi simultáneas de su tío y protector, Abu Talib, y su esposa y confidente, Jadiya.

La trascendencia de la pérdida de Abu Talib es evidente: Mahoma ya no disponía de la inquebrantable protección de su tío para librarlo de todo mal. El nuevo jeque de los Banu Hashim, Abu Lahab, despreciaba a Mahoma a título personal y le retiró su protección formalmente. Los resultados fueron inmediatos. Mahoma fue insultado abiertamente en las calles de La Meca. Ya no pudo predicar ni rezar en público. Cuando intentó hacerlo, un individuo vertió tierra sobre su cabeza y otro le arrojó un útero de oveja.

Puede que la pérdida de Abu Talib dejara a Mahoma en una situación precaria, pero la muerte de Jadiya le causó una devastación absoluta. Al fin y al cabo, ella no era solo su esposa, sino también la persona que le ofrecía apoyo y consuelo, y había sido ella quien lo sacó de la pobreza, quien le salvó la vida literalmente. En una sociedad polígama, donde tanto hombres como mujeres estaban autorizados a un número ilimitado de cónyuges, la relación monógama de Mahoma con una mujer quince años mayor que él era un hecho insólito, por decir poco. Desde luego la muerte de Abu Talib lo desmoralizó, además de poner en peligro su seguridad física. Pero volver a casa después de una de sus experiencias reveladoras dolorosamente violentas, o tras padecer los malos tratos de los coraichitas, y no tener allí a Jadiya para envolverlo con su manto y estrecharlo entre sus brazos hasta que el terror remitiera debió de ser una aflicción inimaginable para el Profeta.

Con la pérdida de ese sostén físico y emocional, Mahoma ya no fue capaz de quedarse en La Meca. Un tiempo antes había enviado provisionalmente a Abisinia a un pequeño grupo de seguidores —aquellos sin protección alguna en la sociedad mequí—, en parte para solicitar asilo a su emperador cristiano, en parte en un intento de aliarse con uno de los principales rivales comerciales de los coraichitas. Pero ahora Mahoma necesitaba un hogar permanente donde él y sus compañeros pudieran vivir libres de la cólera desenfrenada de los coraichitas.

Probó en la ciudad hermana de La Meca, Taif, pero sus jefes tribales no estaban dispuestos a indisponerse con los coraichitas ofreciendo refugio a su enemigo. Visitó las ferias locales en los alrededores de La Meca, pero fue en vano. Finalmente, la respuesta llegó en forma de invitación de un pequeño clan, los Jasraj, que vivían en un oasis agrícola a unos doscientos cincuenta kilómetros al norte de La Meca, un conglomerado de aldeas conocidas colectivamente como *Yazrib*. Aunque Yazrib era una ciudad lejana y totalmente ajena, Mahoma no tuvo más remedio que aceptar la invitación y preparar a sus compañeros para hacer lo inconcebible: abandonar a su tribu y sus familias a cambio de un futuro incierto en un lugar donde carecerían de protección.

La Hégira, o emigración a Yazrib, se produjo lenta y furtivamente, partiendo los compañeros hacia el oasis en reducidos grupos. Para cuando los coraichitas se dieron cuenta de lo que sucedía ya solo quedaban allí Mahoma, Abu Bakr y Alí. Por temor a que Mahoma se marchara de La Meca para reunir un ejército, varios jeques decidieron escoger a un hombre de cada familia, «un guerrero joven, poderoso, bien nacido y aristocrático». Los elegidos penetrarían en la casa de Mahoma mientras este dormía y hundirían las espadas en su cuerpo simultáneamente a fin de que la responsabilidad de su muerte recayera en toda la tribu. Enterándose del plan de atentar contra su vida la noche anterior, Mahoma y Abu Bakr abandonaron la casa por una ventana y huyeron de la ciudad.

Los coraichitas montaron en cólera. Ofrecieron una cuantiosa recompensa de cien camellas a aquel que encontrara a Mahoma y lo llevara de regreso a La Meca. Esta recompensa anormalmente alta atrajo a docenas de beduinos, que peinaron la zona circundante noche y día en busca del Profeta.

Entretanto Mahoma y Abu Bakr se habían guarecido en una cueva no lejos de La Meca. Durante tres días y tres noches permanecieron ocultos allí, esperando a que la cacería remitiera y los beduinos regresaran a sus campamentos. La tercera noche salieron cautelosamente de la cueva y, asegurándose de que nadie los seguía, montaron en dos camellos que les proporcionó un conspirador solidario. Discretamente, desaparecieron en el desierto rumbo a Yazrib.

4

Mahoma en Medina

La importancia de Medina

Existe una imperecedera mitología acerca de la época de Mahoma en la ciudad que llevaría su nombre, la ciudad donde el movimiento de reforma social árabe de Mahoma se transformaría en una ideología religiosa universal. Años más tarde, cuando unos estudiosos musulmanes se propusieron establecer un calendario específicamente islámico, no fijaron el punto de partida en el nacimiento del Profeta, ni en el comienzo de la Revelación, sino en el año en que Mahoma y su grupo de seguidores —conocidos ahora como «los Emigrantes»— se trasladaron de La Meca a esta pequeña federación de aldeas para dar comienzo a una nueva sociedad con el auxilio de los *Ansar*, o «Ayudantes», los contados habitantes de Yazrib que habían aceptado el mensaje de Mahoma y se habían convertido a su movimiento. Ese año, 622 e.c., se conocería finalmente como el año 1 d.H. (después de la Hégira); y el oasis que durante siglos se había llamado Yazrib sería celebrado en adelante como *Medina an Nabí*: «La Ciudad del Profeta», o simplemente Medina.

La época de Mahoma en Medina se convirtió en el paradigma para los imperios musulmanes que se expandieron por Oriente

Próximo tras la muerte del Profeta, y en el modelo que todo reino árabe se esforzó en seguir durante la Edad Media. El ideal de Medina inspiró los diversos movimientos del resurgimiento islámico de los siglos XVIII y XIX, cuyo objetivo era rescatar los valores originales de la comunidad no adulterada de Mahoma como medio para arrebatar el control de los territorios musulmanes a los dominadores coloniales (aunque los impulsores del resurgimiento tenían ideas radicalmente distintas de cómo definir esos valores originales). Y con el declive del colonialismo en el siglo XX fue el recuerdo de Medina lo que dio forma a la idea de Estado islámico.

Hoy día, Medina es simultáneamente el arquetipo de la democracia islámica y del estímulo para la militancia islámica. Los modernistas islámicos señalan la comunidad de Mahoma en Medina como prueba de que el islam defiende la separación del poder religioso y el poder temporal. Los extremistas musulmanes utilizan la misma comunidad para dar forma a distintos modelos de teocracia musulmana. En su lucha por la igualdad de derechos, las feministas musulmanas se han inspirado sistemáticamente en las reformas jurídicas que Mahoma instituyó en Medina; al mismo tiempo, los tradicionalistas musulmanes han utilizado esas mismas reformas jurídicas como fundamento para mantener subyugada a la mujer en la sociedad islámica. Para algunos, las acciones de Mahoma en Medina sirven como modelo para las relaciones entre musulmanes y judíos; para otros, demuestran el insuperable conflicto que siempre ha existido, y siempre existirá, entre los dos hijos de Abraham. Independientemente de si se los etiqueta como modernistas o tradicionalistas, reformistas o fundamentalistas, feministas o misóginos, todos los musulmanes consideran Medina el modelo de perfección islámica. Expresado en términos sencillos, Medina es lo que el islam debería haber sido.

Al igual que ocurre con todas las mitologías de esta magnitud, suele ser difícil separar la realidad del mito. Parte del problema reside en que las tradiciones históricas relacionadas con la época de Mahoma en Medina se escribieron siglos después de la muerte del Profeta, y se encargaron de ello historiadores musulmanes deseosos de poner de relieve el conocimiento universal y el éxito inmediato de la misión divina de Mahoma. Los biógrafos del profeta vivían en un tiempo en que la comunidad musulmana se había convertido ya en un imperio de enorme poder. Como consecuencia, sus relatos reflejan más a menudo las ideologías políticas y religiosas del Damasco del siglo IX o el Bagdad del siglo XI que las de la Medina del siglo VII.

Por tanto, para comprender qué ocurrió realmente en Medina y por qué, uno debe cribar las fuentes si quiere descubrir el remoto oasis en el desierto que cuidó de la comunidad en sus orígenes, no la ciudad santa que se convertiría en capital de la comunidad musulmana. Al fin y al cabo, mucho antes de que existiera una Ciudad del Profeta, existía solo Yazrib.

La Medina histórica

En el siglo VII, Yazrib era un próspero oasis agrícola con palmerales y vastos campos cultivables, la mayoría de los cuales estaban en manos de veinte clanes de árabes judíos. Aparte de su denominación religiosa como judíos, poco los diferenciaba de sus vecinos paganos. Como todos los árabes, los judíos de Yazrib se consideraban, en primer lugar y por encima de todo, miembros de sus propios clanes —cada uno de los cuales actuaba como entidad soberana—, más que una comunidad de judíos. Y si bien es posible que unos cuantos clanes judíos tuvieran alianzas entre sí, ni siquiera estos constituían en modo alguno una tribu judía unida.

Como primeros colonos en la región, los judíos ocuparon las tierras agrícolas más fértiles de Yazrib, conocidas como los Altos, y enseguida se convirtieron en amos del cultivo más preciado de Arabia: los dátiles. También eran hábiles joyeros, artesanos textiles, armeros y vinateros. Sin embargo, fueron los dátiles de Yazrib, codiciados en todo el Hiyaz, lo que los enriqueció. Cinco de los mayores clanes judíos del oasis —los Banu Zalabá, los Banu Hadel, los Banu Qurayza, los Banu Nadir y los Banu Qaynuqa (que también controlaban el único mercado de la ciudad)— disfrutaban de un monopolio casi completo en la economía de Yazrib.

Para cuando varias tribus de beduinos abandonaron su existencia nómada y se establecieron en Yazrib, las tierras más fértiles ya tenían dueño. Solo quedaban las parcelas apenas cultivables situadas en una zona descrita como el Fondo. La competencia por unos recursos limitados no solo había dado pie a ciertos conflictos entre los clanes paganos y judíos, sino que, además, había provocado un gradual declive de la autoridad y la influencia de los judíos en Yazrib. Por lo general, no obstante, los dos grupos vivían en relativa paz gracias a relaciones tribales estratégicas y alianzas económicas. Los judíos contrataban habitualmente a los árabes para transportar sus dátiles a los mercados cercanos (sobre todo a La Meca), en tanto que los árabes tenían en alta estima la erudición, la habilidad artesanal y el patrimonio cultural de sus vecinos judíos.

En el oasis, el verdadero conflicto no era entre judíos y árabes, sino entre los propios árabes, y más concretamente entre las dos tribus mayores de árabes: los Aus y los Jasraj. Si bien no ha quedado constancia en la historia de los orígenes de este conflicto, lo que parece claro es que la Ley del Talión no consiguió resolver la arraigada disputa. Para cuando Mahoma llegó a Yazrib, lo que probablemente en un principio fue una discrepancia por la escasez de recursos se había agravado hasta convertirse en una sangrienta hostilidad que salpicó incluso a los clanes judíos, poniéndose los Banu Nadir y los Banu Qurayza del lado de los Aus, y los Banu Qaynuqa del lado de los Jasraj. En pocas palabras, este conflicto dividió el oasis en dos. Lo que los Aus y los Jasraj necesitaban desesperadamente era un *hakam*, un árbitro. Y no cualquier *hakam*, sino alguien autorizado, digno de confianza y neutral que no tuviese la menor relación con nadie en Yazrib, alguien capaz de arbitrar entre las dos tribus. Fue una suerte, pues, que el hombre idóneo para el puesto tuviese la desesperada necesidad de encontrar un sitio donde vivir.

La Constitución de Medina

Que Mahoma llegó a Yazrib como poco más que el *hakam* en la disputa entre los Aus y los Jasraj es un hecho constatado. Así y todo, la tradición presenta a Mahoma a su llegada al oasis como el poderoso profeta de una religión nueva y firmemente establecida, y como líder indiscutible de todo Yazrib. Contribuye en parte a esta idea un famoso documento conocido como la Constitución de Medina, que Mahoma quizá redactó un tiempo después de establecerse en el oasis. El documento consta de una serie de acuerdos formales de no agresión entre Mahoma, los Emigrantes, los Ansar y el resto de los clanes de Yazrib, tanto judíos como paganos. No obstante, la Constitución es controvertida, porque parece asignar a Mahoma una autoridad religiosa y política sin parangón sobre toda la población del oasis, incluidos los judíos. Esto indica que Mahoma poseía en exclusiva la autoridad de arbitrar en todas las disputas de Yazrib, y no solo en aquellas entre los Aus y los Jasraj. Lo presenta como el único caudillo militar de Yazrib (*qaíd*) y le otorga reconocimiento inequívoco como Mensajero de Dios. Y si bien induce a pensar que la principal función de Mahoma era la de jeque de su «clan» de Emigrantes, también lo dota de una posición de privilegio sobre todos los demás jeques de las tribus y clanes de Yazrib.

El problema reside en determinar cuándo se redactó exactamente la Constitución de Medina. Las fuentes tradicionales, incluidos Al Tabari e Ibn Hisham, la sitúan entre las primeras acciones del Profeta al entrar en el oasis: en 622 e.c. Pero eso es sumamente improbable, dada la débil posición de Mahoma durante esos primeros años en Yazrib. De hecho no fue hasta después de la batalla de Badr, en 624, o quizá ni siquiera hasta 627, cuando la mayoría de la tribu de los Aus se convirtió al islam. Antes de eso debían de ser pocos, aparte de los Ansar (en ese punto solo un puñado de miembros de la tribu de los Jasraj), los que conocían a Mahoma, y menos aún los que se habían sometido a su autoridad. Su movimiento representaba una mínima parte de Yazrib; la población judía, por sí sola, debía de ascender a millares. Cuando Mahoma llegó al oasis, no lo acompañaban más que un centenar de hombres, mujeres y niños.

La Constitución de Medina tal vez refleje varios pactos iniciales de no agresión entre Mahoma, los clanes árabes y sus clientes judíos. Incluso puede que reprodujera ciertos elementos del arbitraje de Mahoma entre los Aus y los Jasraj. Pero sencillamente es imposible que el documento se concluyera tal como se ha conservado antes del año 624 e.c.

La *umma*

Las funciones de Mahoma durante ese primer par de años en Yazrib fueron muy probablemente las de un *hakam* —aunque un *hakam* poderoso y con inspiración divina— cuyo arbitraje se restringía a los Aus y los Jasraj, y cuya autoridad como jeque se limitaba a su propio «clan», los Emigrantes: un clan entre muchos, un jeque entre muchos. Para que ejerciera debidamente cualquiera de estas funciones, no debió de ser necesario que se aceptara o rechazara su posición como Mensajero de Dios. Tanto los árabes paganos como los judíos de Yazrib debieron de considerar su conciencia profética la prueba de su sabiduría sobrenatural, sobre todo porque el *hakam* ideal era casi siempre también el *kahin*, cuya conexión con el Divino era indispensable en disputas especialmente difíciles, como la que se desarrollaba entre los Aus y los Jasraj.

Con todo, aunque los otros habitantes de Yazrib quizá vieran a Mahoma como poco más que un *hakam* y un jeque, no era así en absoluto como lo veían los Emigrantes. Para su pequeño grupo de seguidores, Mahoma era el Profeta/Legislador que hablaba con la autoridad del Dios único. Como tal, había llegado a Yazrib para establecer una nueva clase de comunidad, por más que aún no se hubiese determinado cómo se organizaría esa comunidad y a quién se consideraría miembro de ella. Sería tentador llamar a los miembros de esta nueva comunidad *musulmanes* (literalmente, «aquellos que se someten» a Dios), pero nada nos lleva a pensar que este término se utilizara para designar un movimiento religioso bien definido hasta muchos años después. Es más preciso referirse a los seguidores de Mahoma por el mismo término que emplea el Corán: la *umma*. El problema con la palabra *umma* es que nadie sabe con certeza qué significaba ni de dónde procedía. Quizá se derive del árabe, el hebreo o el arameo; quizá quisiera decir «una comunidad», «una nación» o «un pueblo». Unos cuantos estudiosos han propuesto que acaso *umma* derivara del vocablo árabe *umm*, «madre», y si bien esta idea puede resultar estéticamente agradable, no existe ninguna prueba lingüística de ello. Para complicar aún más las cosas, la palabra *umma* inexplicablemente dejó de utilizarse en el Corán a partir del año 625 e.c., fecha en que se sustituye por el término *qaum*, «tribu» en árabe.

A pesar de su carácter único, la *umma* (la palabra que significa «comunidad») actuaba exactamente igual que cualquier otra tribu. Al fin y al cabo, la comunidad de Mahoma era todavía una institución árabe basada en los conceptos árabes de sociedad tribal. Sencillamente no existía un modelo alternativo de organización social en la Arabia del siglo VII, excepto la monarquía. De hecho, hay tantos paralelismos entre la comunidad musulmana en sus orígenes y las sociedades tribales tradicionales que da la clara impresión de que, al menos en la cabeza de Mahoma, la *umma* era una tribu, aunque una tribu nueva y radicalmente innovadora.

Para empezar, la referencia en la Constitución de Medina a la función de Mahoma como jeque de su clan de Emigrantes indica que, pese a la elevada posición del Profeta, su autoridad secular encajaba bien dentro del paradigma de la sociedad tribal preislámica. Más aún, del mismo modo que la pertenencia a la tribu obligaba a participar en los rituales y actividades del culto tribal, la pertenencia a la comunidad de Mahoma imponía la intervención ritual en lo que podría calificarse como «culto tribal»: en este caso la religión naciente del islam.

Los rituales públicos como la oración comunal, la donación de limosnas y el ayuno colectivo —las primeras tres actividades según los mandamientos de Dios—, combinados con las regulaciones sobre la alimentación compartidas y los requisitos de pureza, tenían entre la *umma* aproximadamente las mismas funciones que el culto tribal en las sociedades paganas: proporcionar una identidad social y religiosa común que permitía a un grupo diferenciarse de otro.

Lo que convertía a la *umma* en un experimento único en cuanto a organización social era que, en Yazrib, muy lejos de la hegemonía social y religiosa de los coraichitas, Mahoma finalmente tuvo la oportunidad de llevar a la práctica las reformas que había predicado en vano en La Meca. Aplicando una serie de reformas religiosas, sociales y económicas, logró establecer una nueva forma de sociedad, distinta de todas las que se habían visto hasta entonces en Arabia.

Por ejemplo, mientras que el poder de la tribu se asignaba a distintas figuras, ninguna de las cuales poseía verdadera autoridad ejecutiva, Mahoma aunaba todas las posiciones de autoridad preislámicas en su persona. No solo era el jeque de su comunidad, sino también su *hakam*, su *qaíd* y, como única conexión legítima con el divino, su *kahin*. Su autoridad como Profeta/Legislador era absoluta. Además, en tanto que la única manera de convertirse en miembro de una tribu era haber nacido en ella, cualquiera podía unirse a la comunidad de Mahoma con solo declarar: «Solo hay un Dios, y Mahoma es el Mensajero de Dios». En Yazrib, por tanto, la *shahadá* dejó de ser una declaración teológica con explícitas implicaciones sociales y políticas para convertirse en una nueva versión del juramento de lealtad, el *bayá*, que la tribu concedía a su jeque. Y como ni la etnicidad ni la cultura ni la raza ni el parentesco tenían importancia alguna para Mahoma, la *umma*, a diferencia de una tribu tradicional, poseía una capacidad casi ilimitada para el crecimiento mediante la conversión.

Como ocurría con todos los jeques tribales, la función primaria de Mahoma como jefe de la *umma* era asegurar la protección a todos los miembros de la comunidad. Para ello, recurrió al principal medio a su disposición: la Ley del Talión. Pero si bien la represalia se mantuvo como respuesta legítima a las lesiones, Mahoma instó a los creyentes al perdón: «Pero [recordad que un intento de] resarcirse de un mal puede convertirse, a su vez, en un mal: así pues, quien perdone [a su enemigo] y haga las paces, su recompensa es asunto de Dios, pues, ciertamente, Él no ama a los malhechores» (42:40). Análogamente, la Constitución de Medina sanciona la represalia como principal elemento disuasorio contra el crimen, pero con la salvedad sin precedentes de que toda la comunidad puede estar «firmemente contra [el criminal] y no hacer nada excepto oponerse», un acusado cambio con respecto a la tradición tribal y un claro indicativo de que Mahoma empezaba ya a asentar los cimientos de una sociedad construida sobre principios morales y no utilitarios. Pero eso era solo el comienzo.

Para promover sus ideales igualitarios, Mahoma equiparó el valor de la sangre de todos los miembros de su comunidad, de modo que una vida ya no podía considerarse más o menos valiosa (en sentido monetario) que otra. Esta fue una innovación más en el sistema jurídico árabe, ya que si bien una lesión en el ojo de una víctima en la Arabia preislámica habría exigido una lesión equivalente en el ojo del criminal, nadie habría considerado que el ojo de un jeque valía lo mismo que el de un huérfano. Pero Mahoma cambió todo eso, y no sin alterar seriamente el orden social.

La tendencia de Mahoma hacia el igualitarismo no terminó con la reforma de la Ley del Talión. En Yazrib declaró ilegal categóricamente la usura (el cobro de intereses), cuyos abusos constituían una de sus principales quejas contra el sistema religioso-económico de La Meca. Para facilitar la nueva economía, estableció su propio mercado, que a diferencia del que controlaban los Banu Qaynuqa, no cobraba tributos por las transacciones ni intereses por los préstamos. Si bien este mercado libre de impuestos se convirtió con el tiempo en un punto de conflicto entre Mahoma y los Banu Qaynuqa, el Profeta, con esta maniobra, no pretendía suscitar los antagonismos de los Qaynuca, sino paliar la división entre los ridículamente ricos y los absurdamente pobres.

Utilizando su autoridad religiosa incontestable, Mahoma instituyó un diezmo obligatorio llamado *zakat,* que todos los miembros de la *umma* debían pagar en función de sus recursos. Una vez recaudado, el dinero se redistribuía en forma de limosnas entre los miembros de la comunidad más necesitados. *Zakat* significa literalmente «purificación», y no era una obra de caridad, sino de devoción religiosa: la benevolencia y el cuidado de los pobres eran la primera y la más imperecedera de las virtudes predicadas por Mahoma en La Meca. El Corán recuerda a los creyentes que la «piedad verdadera no consiste en volver el rostro hacia el este o hacia el oeste; piadoso, en verdad, es quien cree en Dios, en el Último Día, en los ángeles, en la revelación y en los profetas; y gasta de lo que tiene —a pesar de su apego a ello— en sus parientes, en los huérfanos, los necesitados, los viajeros, los mendigos y en rescatar a otros del sometimiento; es constante en la oración y paga el impuesto de purificación; y [piadosos en verdad son] los que, cuando prometen, cumplen sus promesas, y son pacientes en la desgracia, en la adversidad y en los momentos de peligro: esos son los que han sido fieles a su palabra, y esos son los que han sido conscientes de Dios» (2:177).

Aún llegarían más cambios a Medina. Mahoma —que se había beneficiado enormemente de la riqueza y la estabilidad proporcionada por Jadiya— luchó por dar a las mujeres la oportunidad de conseguir cierto nivel de igualdad e independencia en la sociedad. Con ese fin, modificó las leyes tradicionales del matrimonio y la herencia en Arabia para eliminar los obstáculos que prohibían a las mujeres heredar y mantener su propia riqueza (en una única maniobra revolucionaria, limitó el número de esposas que podía tener un hombre y concedió a las mujeres el derecho a divorciarse de sus maridos). Si bien los cambios exactos que introdujo Mahoma en esta tradición son demasiado complejos para abordarlos aquí en detalle, basta señalar que las mujeres de la *umma* tuvieron por primera vez el derecho de heredar la propiedad de sus maridos y conservar sus dotes como propiedad personal durante el matrimonio. Además, Mahoma prohibió al marido tocar la dote de la esposa, obligándolo a proveer a su familia con propia riqueza. Si el marido moría, la esposa heredaría una parte de sus propiedades; si se divorciaba de ella, esta podía recuperar toda la dote para su familia.

Como cabría esperar, las innovaciones de Mahoma no fueron bien acogidas entre los miembros varones de la comunidad. Si las mujeres ya no podían considerarse propiedades —se quejaron los hombres—, no solo se reducía drásticamente su riqueza, sino que además ahora sus exiguas herencias tendrían que repartirse con hermanas e hijas, miembros de la comunidad que, aducían, no compartían la carga con los hombres a partes iguales. Al Tabari cuenta que algunos de estos hombres plantearon su malestar a Mahoma preguntándole: «¿Cómo podemos conceder el derecho de heredar a las mujeres y los niños, que no trabajan y no se ganan la vida? ¿Ahora van a heredar igual que los hombres que han trabajado para ganar ese dinero?»

La respuesta de Mahoma a estas quejas fue poco compasiva y asombrosamente inflexible. «Y a quien se rebele contra Dios y Su Enviado, e infrinja Sus límites, Él le hará entrar en el fuego, en el que permanecerá; y le aguarda un castigo humillante» (4:14).

Las esposas de Mahoma

Después de vivir una vida monógama con Jadiya durante más de veinticinco años, Mahoma, en el transcurso de una década en Yazrib, se casó con nueve mujeres distintas. Sin embargo, con muy pocas excepciones, estos matrimonios no eran uniones sexuales sino políticas. Eso no quiere decir que Mahoma no tuviera interés en el sexo; por el contrario, las tradiciones lo presentan como un hombre con una libido robusta y saludable. Pero, como jeque de la *umma*, recaía en él la responsabilidad de forjar vínculos dentro y fuera de su comunidad a través del único medio a su disposición: el matrimonio. Así, sus uniones con Aisha y Hafsá lo enlazaron con los dos jefes más importantes e influyentes de la comunidad musulmana inicial: Abu Bakr y Umar, respectivamente. Su matrimonio con Umm Salamá un año más tarde le permitió establecer una vital relación con uno de los clanes más poderosos de La

Meca, los Majzum. Su unión con Saudá —por lo que se sabe, una viuda poco agraciada que ya había dejado muy atrás la edad del matrimonio— sirvió para dar ejemplo a la *umma* de que era necesario casarse con mujeres faltas de sostén económico. Su matrimonio con Rayhana, judía, lo enlazó con los Banu Qurayza, en tanto que su matrimonio con Mariyá, cristiana y copta, creó una importante alianza política con el soberano de Egipto.

No obstante, durante cuatrocientos años —desde los papas medievales de las Cruzadas hasta los filósofos europeos de la Ilustración y los predicadores evangelistas de Estados Unidos—, las esposas de Mahoma han sido fuente de numerosos ataques escabrosos contra el Profeta y la religión del islam. En respuesta, los estudiosos contemporáneos —musulmanes y no musulmanes por igual— han llevado a cabo un considerable esfuerzo para defender los matrimonios de Mahoma, sobre todo su unión con Aisha, que tenía nueve años cuando se prometió con el Profeta. Si bien debe elogiarse a estos estudiosos por su empeño en desacreditar las críticas fanáticas e ignorantes de los predicadores y detractores contrarios al islam, el hecho es que Mahoma no necesita defensa a este respecto.

Al igual que los grandes patriarcas judíos Abraham y Jacob, al igual que los profetas Moisés y Oseas, al igual que los reyes israelitas Saúl, David y Salomón, y al igual que casi todos los monarcas cristianos/bizantinos y zoroastrianos/sasánidas, todos los jeques de Arabia, incluido Mahoma, tenían varias esposas, varias concubinas, o lo uno y lo otro. En la Arabia del siglo VII, la autoridad y el poder de un jeque venía determinada en gran parte por el tamaño de su harén. Y aunque la unión de Mahoma con una niña de nueve años puede resultar chocante para nuestra sensibilidad moderna, su compromiso con Aisha fue solo eso: un compromiso. Aisha no consumó su matrimonio con Mahoma hasta después de la pubertad, que era la edad a la que en Arabia todas las chicas sin excepción eran candidatas al matrimonio. Sin embargo, el aspecto más chocante de los matrimonios de Mahoma no es esa década de poligamia en Yazrib, sino sus veinticinco años de monogamia en La Meca, cosa prácticamente inaudita en aquellos tiempos. De hecho, si hay algo interesante o desacostumbrado en los matrimonios de Mahoma no es el número de esposas que tenía, sino más bien las normas que les imponía, en concreto con relación al velo.

Aunque desde hace mucho se considera el velo un rasgo distintivo del islam, sorprendentemente no se exige de manera específica a las mujeres musulmanas en ninguna parte del Corán. La tradición del velo y el aislamiento (prácticas que, unidas, se conocen como *hiyab*) fue introducida en Arabia mucho antes de la llegada de Mahoma, principalmente a través de los contactos árabes con Siria e Irán, donde el *hiyab* era símbolo de posición social. Al fin y al cabo, solo una mujer que no necesitaba trabajar en los campos podía permitirse el aislamiento y el velo.

En la *umma*, no se practicó la tradición del velo hasta alrededor del año 627 e.c., cuando el llamado «versículo del hiyab» se impuso de pronto a la comunidad. Este versículo sin embargo, no iba dirigido a las mujeres en general, sino exclusivamente a las esposas de Mahoma: «¡Oh, vosotros que habéis llegado a creer! No entréis en las casas del Profeta a menos que se os autorice a ello; [y cuando seáis invitados] a una comida, no debéis [acudir temprano y] esperar a que sea preparada: pero cuando seáis invitados, entrad [en el momento justo]... Y [en cuanto a las esposas del Profeta,] si tenéis que pedirles algo que necesitéis, hacedlo desde detrás de una cortina: esto contribuirá a la pureza de vuestros corazones y de los suyos» (33:53).

Esta restricción tiene pleno sentido si recordamos que la casa de Mahoma era también la mezquita de la comunidad: el centro de la vida religiosa y social en la *umma*. La gente entraba y salía sin cesar de este recinto a todas horas. Cuando las delegaciones de otras tribus se presentaban allí para hablar con Mahoma, plantaban sus tiendas de campaña durante días en el patio abierto, a solo unos pasos de los aposentos donde dormían las esposas de Mahoma. Y los nuevos emigrantes que llegaban a Yazrib a menudo se quedaban entre los muros de la mezquita hasta que encontraban una vivienda adecuada.

Cuando Mahoma era poco más que un jeque tribal, este continuo revuelo podía tolerarse. En el año 627, cuando se había convertido en el líder con poder supremo de una comunidad en permanente expansión, debía imponerse cierta segregación para preservar la inviolabilidad de sus esposas. De ahí la tradición del velo y el aislamiento, tomada de las mujeres iraníes y sirias de las clases superiores, que se aplicó a las mujeres más importantes de la sociedad para protegerlas de las posibles miradas de los demás.

El hecho de que el velo se impusiera exclusivamente a las esposas de Mahoma queda demostrado asimismo por la circunstancia de que el término utilizado para vestir el velo, *darabat al hiyab*, era sinónimo de «convertirse en esposa de Mahoma» e intercambiable con esta expresión. Por eso, en vida del Profeta, ninguna otra mujer en la *umma* observaba el *hiyab*. Por supuesto, se exigía pudor a todos los creyentes, y a las mujeres en particular se les indicaba que «deben echarse por encima sus vestiduras externas [cuando estén en público]: esto ayudará a que sean reconocidas [como mujeres decentes] y no sean importunadas...» (33:59). Más concretamente se decía a las mujeres «que bajen la mirada y que guarden su castidad, y no muestren de sus atractivos [en público] sino lo que de ellos sea aparente [con decencia]; así pues, que se cubran el escote con el velo» cuando estuvieran en presencia de hombres desconocidos (24:31-32). Pero en ninguna parte del Corán el término *hiyab* se aplica a ninguna mujer, salvo a las esposas de Mahoma.

Es difícil saber con certeza cuándo se adoptó el velo en el resto de la *umma*, aunque muy probablemente fue mucho después de la muerte de Mahoma. Es muy posible que las musulmanas empezaran a usar el velo para emular a las esposas del Profeta, veneradas como «madres de la *umma*». Pero el velo no fue obligatorio ni, dicho sea de paso, se impuso generalizadamente hasta varias generaciones después de la muerte de Mahoma, cuando gran número de estudiosos varones de las escrituras y los textos jurídicos empezaron a utilizar su autoridad religiosa y política para recuperar la supremacía que habían perdido en la sociedad como resultado de las reformas igualitarias del Profeta.

El experimento revolucionario de Mahoma en Medina gozó de tal aceptación que, entre los años 622 y 624 e.c., la *umma* se multiplicó rápidamente, tanto por la incorporación de nuevos Ansar como por el influjo de los nuevos emigrantes deseosos de sumarse a lo que en esos momentos tenía lugar en la Ciudad del Profeta. Aunque, a decir verdad, aquello aún era únicamente Yazrib. En rigor, no puede llamarse a la ciudad Medina hasta que Mahoma aparta su atención de todas esas reformas igualitarias y parte rumbo a la ciudad sagrada de La Meca y la poderosa tribu que tenía en su poder el Hiyaz.

Mahoma y la guerra

Al principio los coraichitas parecían indiferentes al éxito de la comunidad de Mahoma en Yazrib. Sin duda estaban al corriente de lo que ocurría allí. Los coraichitas conservaban su posición dominante en Arabia por medio de espías desplegados por toda la península; no les habría pasado inadvertido nada que pudiera poner en peligro su autoridad o amenizar sus beneficios. Pero si bien es posible que les preocupara su creciente número de seguidores, estaban dispuestos a olvidarse de Mahoma siempre y cuando el movimiento permaneciera confinado en Yazrib. Sin embargo, Mahoma no tenía intención de olvidarse de La Meca.

Quizá la mayor transformación operada en Yazrib no se produjo en el sistema tribal tradicional, sino en el propio Profeta. A medida que la Revelación evolucionaba, pasando de un conjunto de afirmaciones generales sobre la bondad y el poder de Dios a una serie de normas jurídicas y civiles específicas para construir y mantener una sociedad justa e igualitaria, evolucionó también la conciencia profética de Mahoma. Su mensaje ya no iba dirigido solo a «la primera entre las ciudades [La Meca] y a todos los que habitan a su alrededor» (6:92). El espectacular auge de la *umma* en Yazrib había convencido a Mahoma de que Dios le exigía mucho más que simplemente advertir «a [cuantos puedas llegar, empezando por] tu familia» (26:214). Ahora comprendía que había sido enviado como prueba de «misericordia para todos los mundos» (21:107) y Mensajero «para toda la humanidad» (12:104; 81:27).

Naturalmente, por grandes que fueran su popularidad o su éxito o por más que creciera la comunidad, no podía esperar expandirse más allá de las fronteras de Yazrib si el centro religioso económico y social del Hiyaz seguía oponiéndose. Mahoma tendría que enfrentarse con los coraichitas y, a ser posible, ponerlos de su lado. Pero primero tenía que captar su atención.

Después de descubrir en La Meca que la única manera eficaz de enfrentarse con los coraichitas era a través de sus bolsillos, Mahoma tomó la decisión extraordinariamente audaz de declarar que Yazrib era una ciudad santuario *(haram)*. Esta declaración, formalizada en la Constitución de Medina, implicaba que Yazrib ahora podía convertirse, cabía pensar, en lugar de peregrinación religiosa y centro comercial legítimo (aspectos ambos casi inseparables en la antigua Arabia). Esa no fue solo una decisión económica.

Declarando a Yazrib ciudad santuario, Mahoma desafiaba intencionadamente la hegemonía religiosa y económica de La Meca en la península. Y con el propósito de asegurarse de que los coraichitas entendían el mensaje, envió a sus seguidores al desierto para que participaran en la ancestral tradición árabe de los asaltos a las caravanas.

En la Arabia preislámica, asaltar caravanas era un recurso legítimo para que los clanes pequeños se beneficiaran de la riqueza de los grandes. No se consideraba en modo alguno robo, y siempre y cuando no hubiera violencia ni derramamiento de sangre, no se imponía castigo. Los asaltantes se abatían rápidamente sobre una caravana —por lo general, desde atrás— y se apoderaban de todo aquello a lo que podían echarle mano antes de ser descubiertos. Estos asaltos eran sin duda una molestia para los jefes de las caravanas, pero en general se consideraban parte de los riesgos inherentes al transporte de grandes cantidades de mercancías a través de un desierto inmenso y desprotegido.

Aunque inicialmente pequeños y esporádicos, los asaltos de Mahoma no solo proporcionaban a la *umma* unos ingresos que necesitaban de manera acuciante, sino que además perturbaban eficazmente el flujo de comercio de entrada y salida de La Meca. Las caravanas que entraban en la ciudad sagrada no tardaron en empezar a quejarse a los coraichitas de que ya no se sentían seguros en sus viajes por la región.

Algunas caravanas incluso decidieron desviarse por Yazrib para aprovechar la seguridad que Mahoma y sus hombres les garantizaban. El comercio empezó a decaer en La Meca, disminuyeron las ganancias, y por fin Mahoma obtuvo la atención que buscaba.

En el año 624, recibió la noticia de que una gran caravana procedente de Palestina avanzaba hacia La Meca, y por su extraordinario tamaño era tan tentadora que costaba pasarla por alto.

Reuniendo una banda de trescientos voluntarios, en su mayoría Emigrantes, Mahoma se puso en marcha con la intención de asaltarla. Pero cuando su grupo llegó a las afueras de la ciudad de Badr, le salió al paso un millar de guerreros coraichitas. Los planes de Mahoma habían llegado a oídos de los coraichitas de La Meca, que ahora estaban en situación de dar a la pequeña banda de insurgentes una lección que no olvidarían.

Durante días los dos ejércitos se observaron mutuamente desde las laderas opuestas de un amplio valle: los coraichitas vestían túnicas blancas, montaban caballos pintados ornamentalmente y camellos altos y fuertes; los hombres de la *umma* iban en harapos y estaban preparados para un asalto, no para una guerra. A decir verdad, ninguno de los dos bandos parecía muy deseoso de entablar combate. Probablemente, los coraichitas daban por sentado que su abrumadora superioridad numérica induciría a sus rivales a la rendición inmediata o, como mínimo, al arrepentimiento. Y Mahoma, que debía de saber que luchar contra los coraichitas en esas condiciones conllevaría no solo su propia muerte, sino también el final de la *umma*, aguardaba impacientemente instrucciones de Dios. «Dios mío —imploraba una y otra vez—, si este grupo de personas perece, ya nadie te venerará.»

La renuencia de Mahoma en Badr se debía a algo más que el miedo a la aniquilación. Si bien sabía desde hacía tiempo que su mensaje no podía difundirse más allá de Arabia sin la capitulación de los coraichitas, y aunque debía de haberse dado cuenta de que esa capitulación no tendría lugar sin un enfrentamiento, comprendió que la Revelación, del mismo modo que había transformado para siempre el paisaje socioeconómico de la Arabia preislámica, debía alterar también los métodos y los principios morales de la guerra preislámicos.

No es que Arabia no tuviese «reglas para la guerra». Existía un sinfín de normas entre las tribus paganas respecto a cuándo y dónde podía librarse un combate. Pero, en su mayor parte, el objetivo de esas reglas era contener y limitar los combates para asegurar la supervivencia de la tribu, no para establecer un código de conducta en la guerra. Así como la moralidad absoluta no desempeñaba un papel significativo en los conceptos tribales de ley y orden, tampoco influía apenas en las ideas tribales de guerra y paz.

La doctrina de la *yihad*, tal como se desarrolló lentamente en el Corán, tenía la finalidad concreta de establecer la diferencia entre las nociones de guerra preislámicas y las islámicas, e infundir en estas últimas una dimensión «ideológica/ética» que hasta ese momento no existía en la península arábiga. En el centro de la doctrina de la *yihad* residía la distinción no reconocida hasta entonces entre combatiente y no combatiente. Así, la matanza de mujeres, niños, monjes, rabinos, ancianos o cualquier persona no combatiente estaba absolutamente prohibida bajo cualquier circunstancia. Con el tiempo, la ley musulmana amplió estas prohibiciones para declarar ilegales la tortura de prisioneros de guerra, la mutilación de los muertos, los abusos o cualquier clase de violencia sexual durante el combate, el homicidio de diplomáticos, la destrucción arbitraria de propiedades, y la demolición de instituciones religiosas o médicas, normas todas ellas que un día se incorporarían a las modernas leyes internacionales de la guerra.

Quizá la innovación más importante en la doctrina de la *yihad* fue la prohibición expresa de toda clase de guerra, excepto la estrictamente defensiva. «Y combatid por la causa de Dios a aquellos que os combatan —dice el Corán—, pero no cometáis agresión, pues, ciertamente, Dios no ama a los agresores» (2:190). En otras partes el Corán es más explícito: «Les está permitido [combatir] a *aquellos que son víctimas de una agresión injusta* —y, ciertamente, Dios tiene en verdad poder para auxiliarles—, a aquellos que han sido expulsados de sus hogares, contra todo derecho, solo por haber dicho: "¡Nuestro Sustentador es Dios!"» (22:39; la cursiva de énfasis es añadida).

Badr se convirtió en la primera oportunidad para que Mahoma pusiera en práctica esta teoría de la *yihad*. Según la tradición, a medida que pasaron los días y los dos ejércitos avanzaron centímetro a centímetro el uno hacia el otro, Mahoma se negó a combatir antes de ser atacado. Incluso cuando empezó el combate —a la manera tradicional árabe, en una lucha cuerpo a cuerpo entre dos o tres individuos de cada bando, al final de la cual se retiraban los cadáveres del campo de batalla y se elegía a otro grupo de individuos para enfrentarse—, Mahoma permaneció postrado de rodillas, en espera de recibir un mensaje de Dios. Fue Abu Bakr quien, ya harto de la indecisión del Profeta, lo instó finalmente a levantarse y participar en la batalla que, pese a la renuencia de Mahoma, ya había empezado.

«Oh, Profeta de Dios —dijo Abu Bakr—, no invoques tanto a tu Señor, ya que sin duda Dios cumplirá lo que te ha prometido.»

Mahoma accedió. Después de ponerse en pie, reunió por fin a su pequeño grupo de seguidores para confiar en Dios y avanzar en pleno contra el enemigo.

Siguió una virulenta escaramuza. Cuando cesó el combate y se retiraron los cadáveres del campo de batalla, era indudable quién había ganado. Asombrosamente, Mahoma solo había perdido a una docena de hombres, en tanto que los coraichitas habían sido totalmente derrotados. La noticia de la victoria del Profeta sobre la tribu más numerosa y poderosa de Arabia llegó a Yazrib mucho antes que los vencedores. En la *umma* reinaba la euforia. La batalla de Badr era la prueba de que el Mensajero contaba con la bendición de Dios. Corrían rumores de que los ángeles habían descendido sobre el campo de batalla para eliminar a los enemigos de Mahoma. Después de Badr, Mahoma no era ya un simple jeque o un *hakam*; ahora él y sus seguidores eran el nuevo poder político en el Hiyaz. Y Yazrib no era ya solo un oasis agrícola, sino que se había convertido en la sede de ese poder: la Ciudad del Profeta. Medina.

En los años siguientes se libraron muchas más batallas entre la comunidad de Mahoma y los coraichitas. Por fin, en 628 e.c., Mahoma anunció inesperadamente que se marchaba a La Meca a realizar los ritos de peregrinación en la Kaaba. Teniendo en cuenta que se hallaba enfrascado en una guerra sanguinaria e interminable con los habitantes de La Meca, esa era una decisión absurda. No podía pensar que los coraichitas, que intentaban matarlo desde hacía seis años, se quedarían de brazos cruzados mientras él y sus seguidores daban vueltas en torno al santuario. Pero Mahoma permaneció impertérrito. Acompañado de más de un millar de seguidores, atravesó el desierto de camino a la ciudad que lo vio nacer, entonando sin miedo el canto del peregrino: «¡Aquí estoy, oh, Alá! ¡Aquí estoy!»

Las voces de Mahoma y sus seguidores, desarmados y vestidos con la indumentaria propia de los peregrinos, proclamando estridentemente su presencia a sus enemigos, debió de sonar como un toque de difuntos en La Meca. Seguramente, el fin estaba cerca si ese hombre tenía la audacia de creer que podía entrar en la ciudad sagrada con toda tranquilidad. Los coraichitas, que corrieron a detener a Mahoma antes de que pudiera entrar en La Meca, estaban desconcertados. Saliéndole al paso en un lugar llamado Hudaybiya, decidieron hacer un último intento de conservar el control de La Meca y le ofrecieron un alto el fuego, cuyas condiciones eran tan contrarias a los intereses de Mahoma que los musulmanes debieron de considerarlas una broma.

El Tratado de Hudaybiya proponía que, a cambio de su inmediata retirada y el cese incondicional de todo asalto contra las caravanas en las inmediaciones de La Meca, se permitiría a Mahoma regresar en el siguiente período de peregrinación, momento en el que el santuario se evacuaría por un breve tiempo para que él y sus seguidores pudieran llevar a cabo los ritos de peregrinación sin que nadie los molestara. Para mayor ofensa, se exigiría a Mahoma que firmara el tratado no como apóstol de Dios, sino solo como jefe tribal de su comunidad. Dado el rápido ascenso de Mahoma en el Hiyaz, el tratado era absurdo; demostraba sobre todo que la derrota de La Meca era inminente. Quizá por eso los seguidores de Mahoma, que veían la victoria al alcance de la mano, se indignaron tanto cuando el Profeta aceptó las condiciones.

Es difícil saber por qué Mahoma accedió al Tratado de Hudaybiya. Tal vez tuviera intención de reorganizarse y esperar el momento oportuno para regresar y conquistar La Meca por la fuerza. Tal vez deseara observar el mandamiento coránico y la doctrina yihadí: «Combatidles hasta que cese la opresión y la adoración esté consagrada por entero a Dios; pero si cesa, deben acabar todas las hostilidades, salvo contra aquellos que [deliberadamente] hacen el mal» (2:193). Fuera como fuese, la decisión de aceptar el alto el fuego y regresar al año siguiente resultó ser el momento más decisivo en la batalla entre La Meca y Medina. Cuando los mequíes vieron el respeto y la devoción con que su presunto enemigo y su banda de «fanáticos religiosos» entraban en la ciudad y empezaban a circundar la Kaaba, quedaron pocos incentivos para seguir respaldando la guerra. Un año después de esa peregrinación, en 630 e.c., cuando Mahoma interpretó una escaramuza entre los coraichitas y algunos de sus seguidores como un incumplimiento de la tregua, marchó una vez más hacia La Meca, esta vez seguido por diez mil hombres, y se encontró con que los habitantes lo recibían con los brazos abiertos.

Después de aceptar la rendición de La Meca, Mahoma declaró una amnistía general para la mayoría de sus enemigos, incluso para aquellos que habían combatido contra él. A pesar de que, según la ley tribal, los coraichitas pasaban a ser esclavos suyos, Mahoma declaró libres a todos los habitantes de La Meca. Solo se ajustició a seis hombres y cuatro mujeres por diversos crímenes, y no se obligó a nadie a convertirse, si bien se exigió a todos el juramento de que nunca volverían a declararse en guerra contra el Profeta.

Una vez resuelto este asunto, el Profeta se dirigió a la Kaaba. Con la ayuda de su primo y su yerno Alí, apartó el tupido velo que cubría la puerta del santuario y accedió al interior sagrado. Sacó uno por uno todos los ídolos ante la muchedumbre allí congregada y, levantándolos por encima de la cabeza, los arrojó al suelo. Las diversas representaciones de dioses y profetas fueron eliminadas de allí con agua del pozo Zamzam; todas, excepto las de Jesús y su madre, claro. Sobre estas imágenes, el Profeta apoyó las manos en actitud reverente y dijo: «Eliminadlos todos, excepto los que están bajo mis manos».

Finalmente, Mahoma sacó al ídolo que representaba Hubal, el gran dios sirio, señor de la Kaaba. Ante los ojos de los habitantes de La Meca, el Profeta desenvainó su espada e hizo pedazos el ídolo poniendo fin para siempre a la veneración de deidades paganas en la ciudad. Mahoma utilizó los restos de la estatua de Hubal como portal de acceso a la nueva Kaaba recién consagrada, el santuario que en adelante se conocería como la Casa de Dios, la sede de una fe totalmente nueva y universal: el islam.

5

Después de Mahoma

El final del principio

Corre el año 632 e.c., dos años después de entrar Mahoma triunfalmente en La Meca y purificar la Kaaba en nombre del Dios único. En ese momento era un hombre robusto en la cúspide de su poder político y espiritual, sin duda el líder más influyente de Arabia. Irónicamente, el movimiento que en sus orígenes pretendía reivindicar la ética tribal del pasado nómada de Arabia había dado la puntilla, en muchos sentidos, al sistema tribal tradicional. Pronto quedarían solo la comunidad musulmana, los enemigos de la comunidad musulmana, las tribus clientes de la comunidad musulmana y los *dimmi*, cristianos, judíos y otros no musulmanes protegidos por la comunidad musulmana. Sin embargo, a pesar del enorme poder que le reportó la victoria sobre los coraichitas, Mahoma se negó a sustituir la aristocracia de La Meca por una monarquía musulmana; él sería el Guardián de las Llaves, pero no sería el Rey de La Meca. Así, una vez resueltos los asuntos administrativos y enviadas las delegaciones —tanto militares como diplomáticas— para informar al resto de las tribus árabes del nuevo orden político imperante en el Hiyaz, Mahoma hizo algo totalmente inesperado: regresó a Medina.

El retorno de Mahoma a Medina era una forma de reconocimiento a los Ansar, quienes le habían proporcionado refugio y protección cuando nadie más lo acogió. Pero era también una declaración dirigida a toda la comunidad: con ello afirmaba que si bien La Meca era ahora el corazón del islam, Medina sería para siempre su alma. Es en Medina donde se reunirían las delegaciones llegadas de toda la península arábiga para formular el juramento de que «solo hay un Dios»; es en Medina donde se construirían y debatirían los pilares de la fe musulmana y los cimientos del gobierno musulmán.

Y es en Medina donde el Profeta exhalaría su último aliento.

Muere Mahoma, 632 e.c.

Como puede imaginarse, la muerte de Mahoma en 632, después de una larga enfermedad, creó gran desasosiego entre sus seguidores, sobre todo por lo poco que él los había preparado para aquello. No había dejado ninguna declaración formal sobre quién debía sustituirlo como jefe de la *umma*, ni siquiera sobre qué clase de jefe debía ser esa persona. Quizás esperaba una Revelación que nunca llegó; quizá quería que la *umma* decidiera por sí sola quién debía sucederlo. O quizá, como algunos rumoreaban, el Profeta sí había designado a un sucesor, alguien cuyo legítimo lugar al frente de la comunidad no llegó a conocerse en medio de las pugnas intestinas por el poder que ya se habían iniciado entre los máximos dirigentes musulmanes.

Entretanto, la comunidad musulmana crecía y se expandía más deprisa de lo que nadie habría imaginado, y corría el grave peligro de acabar siendo incontrolable. La muerte de Mahoma no había hecho más que complicar las cosas, de modo que ahora algunas tribus clientes se rebelaban abiertamente contra el control musulmán y se negaban a pagar el *zakat* (diezmo) a Medina. Por lo que a estas tribus se refería, la muerte de Mahoma, como la muerte de cualquier jeque, dejaba sin efecto el juramento de lealtad y anulaba toda responsabilidad para con la *umma*.

Para mayor desconcierto, la concepción de Mahoma de un Estado de inspiración divina se había popularizado tanto que otras regiones, por toda la península arábiga, empezaban a replicarla utilizando a sus propios jefes nativos y su propia ideología autóctona. En el Yemen, un hombre llamado Al Asuad, que afirmaba recibir mensajes divinos de un Dios llamado Rahmán (un epíteto de Alá), había establecido su propio Estado, independiente de La Meca y de Medina. En el este de Arabia, otro hombre, Maslama (o Musaylama), había imitado con tan buena fortuna la fórmula de Mahoma que contaba ya con millares de seguidores en Yamama, que había declarado ciudad santuario. Para los estudiosos modernos, el repentino surgimiento de esos «falsos profetas» es indicativo de que el movimiento de Mahoma había llenado un claro vacío social y religioso en Arabia. Para los musulmanes de la época, en cambio, señalaba una grave amenaza contra la legitimidad religiosa y la estabilidad política de la *umma*.

No obstante, el mayor desafío al que se enfrentó la comunidad musulmana tras la muerte de Mahoma no fueron las tribus rebeldes ni los falsos profetas, sino más bien la duda de cómo construir un sistema religioso bien cohesionado a partir de las palabras y los hechos del Profeta, la mayoría de los cuales existían solo en la memoria de sus compañeros. El islam estaba aún a medio definirse cuando Mahoma murió. En el año 632, el Corán no se había escrito ni recopilado, y menos aún canonizado. Los ideales religiosos que se convertirían en fundamento de la teología islámica existían solo en su forma más rudimentaria. Las cuestiones referentes a la actividad ritual adecuada o el comportamiento legal y moral correcto por entonces estaban apenas reguladas. No tenían por qué estarlo: hasta ese momento cualquier duda que surgiera —debido a un conflicto interno o un contacto con el extranjero—, cualquier confusión, fuera cual fuese, sencillamente podía plantearse al Profeta y él ofrecía la solución. Pero ahora, sin Mahoma presente para elucidar la voluntad de Dios, la *umma* se encontraba ante la tarea casi imposible de adivinar qué habría dicho el Profeta acerca de tal cuestión o problema.

Obviamente, la primera y más urgente preocupación era elegir a alguien que guiara a la *umma* en lugar de Mahoma, alguien capaz de mantener la estabilidad y la integridad de la comunidad frente a sus muchos desafíos internos y externos. Por desgracia, existía poco consenso en cuanto a quién debía ser ese jefe. Algunos miembros de los Ansar intentaron ofrecer una solución de compromiso, la elección de colíderes, uno de La Meca y otro de Medina, pero eso fue inaceptable para los coraichitas.

Pronto quedó claro que la única manera de mantener tanto el sentido de la unidad como cierto grado de continuidad histórica en la *umma* era elegir a un coraichita para suceder a Mahoma, en concreto a uno de sus compañeros, aquellos que habían participado en la Hégira original a Medina en 622 (los *Muhayirún*). El clan de Mahoma, los Banu Hashim —llamados ahora los *ahl al bayt*, o «Pueblo de la Casa [del Profeta]»—, acordó que solo un coraichita podía ponerse al frente de la *umma*, pese a que creían que el Profeta habría deseado que lo sucediera un miembro de su propio clan. De hecho, numerosos musulmanes tenían la convicción de que Mahoma, durante su última peregrinación a La Meca, había designado sucesor públicamente a Alí, su primo y yerno (casado con Fátima, la querida hija de Mahoma). Según las tradiciones, a su regreso a Medina, Mahoma había parado en un oasis llamado Gadir al Jumm y declarado: «Cualquiera que me tenga a mí como patrón, tiene a Alí como patrón *(maula)*». Sin embargo, existía quizás igual número de musulmanes que no solo negaban los sucesos de Gadir al Jumm, sino que además rechazaban con vehemencia la posición de privilegio de los Banu Hashim como familia de Mahoma.

Sucesor del Mensajero

Para zanjar el asunto de una vez por todas, Abu Bakr, Umar y un prominente compañero de Mahoma llamado Abu Ubayda se reunieron con un grupo de jefes Ansar para celebrar una *shura* tradicional, o consulta tribal. Y si bien han corrido ríos de tinta sobre esta reunión histórica, todavía no está claro quiénes estaban presentes ni qué ocurrió allí exactamente. Lo único que saben con certeza los estudiosos es que, al concluir la reunión, Abu Bakr, animado por Umar y Abu Ubayda, fue elegido el siguiente jefe de la comunidad musulmana, con el título, adecuado pero un tanto vago, de *Khalifat Rasul Allah*, «el Sucesor del Mensajero de Dios»: califa en español.

La razón por la que el título de Abu Bakr fue tan apropiado es que nadie estaba muy seguro de cuál era su significado. El Corán se refiere a Adán y David como «califas de Dios» (2:30; 38:26), que significa que sirvieron como «hombres de confianza» o «vicerregentes» de Dios en la Tierra, pero no parece que fuera así como se veía a Abu Bakr. Las pruebas indican que el califato no pretendía ser una posición de gran influencia religiosa. Ciertamente el califa sería responsable de mantener las instituciones de la fe musulmana, pero no desempeñaría un papel significativo en la labor de definir la práctica religiosa. En otras palabras, Abu Bakr sustituiría al Profeta como jefe de la *umma*, pero carecería de autoridad profética. Mahoma había muerto; su función como Mensajero murió con él.

La intencionada ambigüedad del título fue una gran ventaja para Abu Bakr y sus sucesores inmediatos, porque les proporcionó la oportunidad de definir el cargo por sí mismos, cosa que harían de maneras muy distintas. Por lo que a Abu Bakr se refiere, el califato fue un cargo *secular* muy parecido al del tradicional jeque de una tribu —«el primero entre iguales»—, aunque con la responsabilidad añadida de ser el jefe militar de la comunidad *(qaíd)* y el juez principal, puestos ambos que heredó de Mahoma.

Abu Bakr fue en muchos sentidos la elección perfecta para suceder a Mahoma. Apodado *Al Siddiq,* «el Fiel», era un hombre profundamente devoto y respetado, uno de los primeros conversos al islam y el más querido amigo de Mahoma. El hecho de haber sido él quien asumió las oraciones de los viernes durante la larga enfermedad de Mahoma era, en opinión de muchos, prueba de que el Profeta habría aprobado su sucesión.

Como califa, Abu Bakr unió a la comunidad bajo una sola bandera e inició una época de triunfos militares y concordia social que en el mundo musulmán se conocería como la Edad de Oro del islam. Fueron Abu Bakr y sus sucesores inmediatos —los primeros cuatro califas, llamados conjuntamente los *Rashidún,* los «Bien Guiados»— quienes cuidaron de la semilla que Mahoma había plantado en el Hiyaz hasta que germinó y creció, convirtiéndose en un imperio dominante y de vasto alcance. Mientras la *umma* se expandía por el norte de África, el subcontinente indio y amplias zonas de Europa, los Bien Guiados se esforzaron en mantener la comunidad arraigada en los principios de Mahoma —la lucha por la justicia, la igualdad de todos los creyentes, la atención a los pobres y los marginados—, y, sin embargo, los conflictos civiles y las incesantes luchas por el poder entre los primeros compañeros provocaron al final la escisión de la comunidad en facciones rivales y convirtieron el califato en esa forma de gobierno tan denostada por los antiguos árabes: la monarquía absoluta.

Ahora bien, como ocurre con la mayoría de las historias sagradas, la verdad sobre la época de los Bien Guiados es mucho más compleja de lo que inducen a pensar las tradiciones. De hecho, la llamada Edad de Oro del islam fue cualquier cosa menos un período de concordia religiosa y armonía política. A partir de la muerte de Mahoma surgieron docenas de ideas en conflicto acerca de todo, desde cómo interpretar las palabras y los hechos del Profeta hasta quién debía interpretarlos, desde quién debía elegirse como jefe de la comunidad hasta cómo debía dirigirse la comunidad. Menos claro aún estaba quién podía ser considerado miembro de la *umma* y quién no o, a decir verdad, qué debía uno hacer para salvarse.

Como en todas las grandes religiones, fueron precisamente las discusiones, la discordia y los conflictos a veces cruentos resultantes del intento de discernir la voluntad de Dios en ausencia del profeta de Dios lo que dio origen a las distintas y, asombrosamente, diversas instituciones de la fe musulmana. Por supuesto, el islam en sus inicios no se hallaba tan dividido doctrinalmente como el cristianismo en sus orígenes. No obstante, es importante determinar las divisiones políticas y religiosas existentes en el seno de la comunidad musulmana en sus primeros tiempos, ya que desempeñaron un papel fundamental a la hora de definir y desarrollar la fe.

Para empezar, la elección de Abu Bakr como califa no fue ni mucho menos unánime. Según todas las versiones, solo algunos de los compañeros más prominentes estaban presentes en la *shura*. El otro único aspirante serio a la jefatura de la comunidad musulmana no fue informado de la reunión hasta que esta terminó. Al mismo tiempo que Abu Bakr aceptaba el juramento de lealtad, o *bayá*, Alí lavaba el cuerpo del Profeta en preparación del entierro. Los Banu Hashim se enfurecieron, afirmando que, sin Alí, la *shura* no era representativa de toda la *umma*. También los Ansar, quienes consideraban a Alí y Mahoma ciudadanos tanto de Medina como de La Meca —en otras palabras «uno de los suyos»—, se quejaron amargamente de la exclusión de Alí. Los dos grupos se negaron públicamente a jurar lealtad al nuevo califa.

En realidad, Alí quedó excluido de la *shura* a causa del creciente temor entre los clanes coraichitas más grandes y ricos de que tanto el puesto de profeta como el califato quedaran en manos de un único clan —y más aún tratándose de los insignificantes hachemíes— y que eso alterara considerablemente el equilibrio de poder en la *umma*. Además, parecía existir cierta inquietud entre algunos miembros de la comunidad, muy especialmente Abu Bakr y Umar, por el hecho de que mantener una prolongada jefatura hereditaria dentro de la familia de Mahoma desdibujase la distinción entre la autoridad *religiosa* del profeta y la autoridad *secular* del califa.

Fueran cuales fuesen las justificaciones, quienes proponían a Alí no se dejaron acallar; así que correspondió a Umar acallarlos. Después de someter a golpes al jefe de los Ansar, Sad Ibn Ubayda, Umar fue a visitar a Fátima, esposa de Alí e hija de Mahoma, y amenazó con quemar la casa a menos que ella y el resto de los Banu Hashim aceptaran la voluntad de la *shura*. Por suerte, Abu Bakr lo obligó a contenerse en el último momento, pero el mensaje era claro: la *umma* era demasiado inestable, y la situación política en el Hiyaz demasiado volátil, para que se tolerase esa clase de disensión manifiesta. Alí cedió. Por el bien de la comunidad, toda su familia y él renunciaron a su derecho a la jefatura y juraron lealtad solemnemente a Abu Bakr, aunque fueron necesarios otros seis meses de intentos de persuasión para que lo acataran.

Por turbulenta que fuera la sucesión de Mahoma, no debe pasarse por alto un detalle en medio del tumulto y la confusión previos al califato de Abu Bakr. Implícita en el conflicto de quién debía encabezar la *umma* estaba la unánime convicción entre todos los musulmanes de que se requería algún tipo de aprobación popular para aceptar al candidato. Ciertamente, aquel no fue un proceso democrático; Abu Bakr fue nombrado mediante la consulta con un grupo selecto de patriarcas, no elegido por la *umma*. Pero el gran esfuerzo que realizaron los compañeros de Mahoma para alcanzar una apariencia de unanimidad es prueba de que la elección de Abu Bakr habría carecido de significado sin el consenso de toda la comunidad.

Desde nuestra posición privilegiada, la sucesión de Mahoma puede parecer un asunto caótico, marcado por la intimidación y el desorden: un proceso amañado, por decir poco. Pero, aun así, fue un proceso; y desde el Nilo hasta el Oxus y más allá, en ningún otro lugar se había siquiera imaginado, y menos aún intentado, un experimento de soberanía popular como este.

Las guerras de Ridda: 632-634 e.c.

El reinado de Abu Bakr fue breve, pero próspero: duró solo dos años y medio. Su principal logro como califa fueron las campañas militares contra los «falsos profetas» y aquellas tribus que habían dejado de pagar el *zakat*, o diezmo, porque, a la manera tribal, consideraron que, con la muerte de Mahoma, quedaba sin efecto el juramento de lealtad. Consciente de que la deserción de estas tribus debilitaría mucho la estabilidad política de la *umma* y tendría graves repercusiones económicas en el pequeño régimen musulmán de Medina, Abu Bakr mandó sus ejércitos a doblegar implacablemente a los rebeldes. Las guerras de Ridda, como fueron conocidas estas campañas, transmitieron a las tribus árabes el poderoso mensaje de que su compromiso no era con un jeque mortal, sino con la comunidad inmortal de Dios, y por consiguiente retractarse del compromiso era tanto un acto de traición contra la *umma* como un pecado contra Dios.

Las guerras de Ridda representaron el esfuerzo consciente para mantener la unidad de los árabes bajo la enseña eterna del islam y la autoridad centralizada de Medina, y prevenir así la disgregación de la comunidad de Mahoma en el antiguo sistema tribal. Pero no debe pensarse que estas fueron guerras religiosas; el objetivo de las campañas era reforzar los intereses puramente políticos de Medina. Aun así, las guerras de Ridda tuvieron la lamentable consecuencia de crear un vínculo permanentemente entre la apostasía (negar la propia fe) y la traición (negar la autoridad central del califa).

Al igual que la expansión territorial y el proselitismo religioso, la apostasía y la traición eran términos casi idénticos en la Arabia del siglo VII. Sin embargo, la relación entre ambas ha perdurado en el islam, de modo que incluso hoy día hay algunos musulmanes que sostienen, sin fundamento alguno y sin base en el Corán, que esos dos pecados —la apostasía y la traición— merecen el mismo castigo: la muerte. Debido a esta creencia, en algunos países musulmanes los *ulema* (estudiosos de las escrituras) poseen la autoridad de imponer la pena capital a los apóstatas, que es como consideran a cualquiera que discrepe de su particular interpretación del islam.

Abu Bakr es recordado por otra de sus decisiones como califa. Sosteniendo que en una ocasión oyó decir a Mahoma, «nosotros [los profetas] no tenemos herederos. Nuestro único legado son limosnas», el califa desheredó a Alí y a Fátima de las propiedades de Mahoma. En adelante la familia del Profeta tendría que alimentarse y vestirse con las limosnas aportadas por la comunidad. Dado que no había más testigos de la declaración de Mahoma, esta fue una decisión notable. Pero lo que la hace aún más curiosa es que Abu Bakr proveyó generosamente a las esposas de Mahoma, concediéndoles la casa del Profeta en legado. Incluso cedió a su propia hija, Aisha, parte de las antiguas propiedades de Mahoma en Medina.

A menudo las acciones de Abu Bakr se interpretan como un intento de debilitar a los Banu Hashim y despojar a la familia de Mahoma de su privilegiada posición como parientes del Profeta. Pero también parece probable que, al proveer a las esposas de Mahoma y asegurarse de que su pureza permaneciese inviolada, Abu Bakr pretendiera anunciar a la comunidad que eran Aisha y las restantes Madres de los Fieles la verdadera familia de Mahoma.

Alí quedó atónito ante la decisión de Abu Bakr, pero aceptó su destino sin discutir. Fátima, por su parte, se sumió en el mayor desconsuelo. En cuestión de meses había perdido a su padre, su herencia y su medio de vida. No volvió a dirigir la palabra a Abu Bakr nunca más, y cuando murió, poco tiempo después, Alí la enterró discretamente una noche sin molestarse en informar al califa.

Los estudiosos aducen desde hace tiempo que debió de existir otra motivación detrás de la decisión de Abu Bakr de desheredar a Alí y despojar de poder a la familia de Mahoma. Durante su breve califato, Abu Bakr pareció hacer cuanto estuvo a su alcance para impedir que Alí consiguiera una posición de autoridad en la *umma*, sobre todo por su convicción de que la condición de profeta y el califato —es decir, la autoridad religiosa y la secular— no debían residir en un solo clan, por miedo a que ambos cargos acabaran siendo indistinguibles. Pero decir que no había animadversión personal entre Abu Bakr y Alí sería mentir. Incluso en vida de Mahoma existieron muchos roces entre estos dos hombres.

El cisma entre ambos se agrandó más aún cuando, sin consulta previa, Abu Bakr decidió nombrar a Umar sucesor suyo, en lugar de convocar otra *shura*. La única explicación verosímil para esta sorprendente decisión es que Abu Bakr debió de pensar que una *shura* reavivaría la discusión sobre los derechos de la familia del Profeta. De hecho, quizás una *shura* habría llevado a la sucesión de Alí, quien, en los últimos dos años, había adquirido creciente popularidad. El apoyo del que ya disfrutaba por parte de varios clanes y compañeros influyentes bien podría haber inducido a los clanes no comprometidos a respaldar su candidatura. Cierto es que los intereses creados de la aristocracia coraichita para mantener el estado de cosas no habría garantizado la elección de Alí. Pero si se hubiese producido un enfrentamiento entre Alí, con su enorme popularidad, y Umar, un hombre exaltado, rígido y, según se contaba, misógino, este no habría tenido la menor garantía de victoria. Para evitar ese desenlace, Abu Bakr pasó por alto tanto la tradición tribal como el precedente musulmán, y sencillamente eligió a dedo a Umar, aunque, también en este caso, el nuevo califa tuvo que ser aprobado por el consenso de la comunidad.

Umar Ibn Al Jattab sucede a Abu Bakr: 634 e.c.

En cuanto califa, Umar fue tal como Mahoma lo había considerado siempre: un jefe brillante y enérgico. Hombre con alma de guerrero, mantuvo el califato como cargo secular, pero dio especial preponderancia a su función de caudillo militar, añadiéndose el título de *Emir Al Mumanín*, «Comandante de los Fieles». Gracias a su superior destreza en la batalla, derrotó al ejército bizantino en el sur de Siria en el año 634 y capturó Damasco un año más tarde. Con la ayuda de la comunidad judía oprimida de Siria, a la que había liberado del control bizantino, Umar aplastó a continuación a las fuerzas iraníes en Qadisiya de camino a someter el gran Imperio sasánida. Egipto y Libia cayeron con facilidad ante el ejército de Umar, igual que Jerusalén: el logro máximo de sus campañas militares.

Sorprendentemente, Umar demostró ser mucho mejor diplomático de lo que nadie habría imaginado. Dándose cuenta de la importancia de apaciguar a los conversos no árabes, que incluso en sus tiempos empezaban a superar numéricamente a los árabes, el califa trató a sus enemigos vencidos como miembros de la *umma* en igualdad con ellos y procuró suprimir todas las diferencias étnicas entre árabes y no árabes. Las riquezas que llegaron a Medina como resultado de sus victorias militares se repartieron proporcionalmente entre todos los integrantes de la comunidad, incluidos los niños. Umar puso especial empeño en mermar el poder de la antigua aristocracia coraichita y reforzar su autoridad central nombrando gobernadores, o *emires*, para administrar las provincias musulmanas cercanas y lejanas. Al mismo tiempo dio a sus emires rigurosas instrucciones de que respetaran las tradiciones y costumbres existentes en las provincias, sin intentar ningún cambio radical en la forma en que las poblaciones autóctonas habían sido gobernadas previamente. Reorganizó el sistema tributario, proporcionando una inmensa prosperidad a la *umma*, y creó un ejército regular de soldados bien adiestrados que se acuartelaban lejos de las provincias para no molestar a las comunidades locales.

Umar incluso trató de tender la mano a los Banu Hashim para salvar las distancias con Alí. Aunque se negó a devolver a este su herencia, sí le cedió el patrimonio de Mahoma en Medina a modo de donación para que la familia lo administrara. Entabló lazos con los Banu Hashim por medio del matrimonio con la hija de Alí, y animó a este a participar en su gobierno, consultándole habitualmente sobre asuntos importantes. De hecho, Umar rara vez hacía nada sin consultar con un grupo de influyentes compañeros de Mahoma que mantenía cerca en todo momento. Tal vez actuara así porque era consciente de que no había accedido al califato por los cauces tradicionales, por más que la *umma* hubiese aprobado su nombramiento. Deseaba, pues, evitar cualquier apariencia de despotismo en sus juicios.

Sin embargo, Umar, pese a sus intentos de reconciliación con los Banu Hashim, continuó firme en la postura, como cuestión de dogma religioso, de que la condición de profeta y el califato no debían residir en el mismo clan. De hecho, asumir esa postura y aceptar la declaración de Mahoma sobre la ausencia de herederos se convirtió para Umar en parte del juramento de lealtad. Al igual que Abu Bakr, estaba convencido de que sería perjudicial para la comunidad musulmana acumular tanto poder en los Banu Hashim. No obstante, no podía permanecer ajeno a la creciente popularidad de Alí.

Uzmán Ibn Affan sucede a Umar: 644 e.c.

Como no deseaba cometer el mismo error que Abu Bakr y distanciarse de los Banu Hashim, Umar se negó a elegir sucesor, optando por convocar una *shura* tradicional. En su lecho de muerte, Umar reunió a los seis principales candidatos al califato, incluido, por fin, Alí, y les concedió tres días para decidir entre ellos quién se pondría al frente de la comunidad tras su muerte. No mucho después solo quedaban dos candidatos: Alí, el vástago de los Banu Hashim, y un hombre un tanto anónimo de setenta años llamado Uzmán Ibn Affan.

Miembro acaudalado de los Omeya —el clan de Abu Sufyan y Hind, los más acérrimos enemigos de Mahoma—, Uzmán era un coraichita de pura cepa. Si bien fue uno de los primeros conversos al islam, nunca había mostrado dotes de mando; era mercader, no guerrero. Mahoma sentía un profundo aprecio por Uzmán, pero nunca lo había puesto al frente de un asalto o de un ejército, honor del que casi todos los demás presentes en la *shura* habían disfrutado en más de una ocasión. Fue precisamente su inexperiencia y su nula ambición política lo que convirtió a Uzmán en una elección tan atractiva. Era, sobre todo, la alternativa perfecta a Alí: un anciano prudente y fiable que no causaría la menor conmoción.

Al final, Alí y Uzmán tuvieron que contestar a dos preguntas formuladas por Abderramán, quien, pese a ser cuñado de Uzmán, había sido elegido *hakam* para mediar entre los dos hombres. En primer lugar, ¿gobernarían cada uno de ellos conforme a los principios del Corán y el ejemplo de Mahoma? Los dos contestaron que sí. La segunda pregunta fue inesperada. ¿Seguirían cada uno de ellos estrictamente, en caso de ocupar el califato, los precedentes establecidos por los dos califas anteriores, Abu Bakr y Umar?

Este no solo era un requisito sin precedentes para dirigir la comunidad, sino que obviamente pretendía eliminar a un candidato en particular. Porque Uzmán comentó que seguiría el ejemplo de sus predecesores en todas sus decisiones como califa, y Alí, en cambio, dirigió una mirada severa a los presentes en la sala y contestó con un rotundo «no». Se atendría solo a la voluntad de Dios y a su propio criterio. La respuesta de Alí determinó el veredicto. Uzmán se convirtió en el tercer califa y, en el año 644 e.c., recibió inmediatamente el apoyo de la *umma*.

Los Banu Hashim habían reaccionado con indignación cuando Alí fue dejado de lado en favor de Abu Bakr. Pero Abu Bakr era un musulmán muy respetado con impecables credenciales. Más tarde los hachemíes se enfurecieron con Abu Bakr por pasar por alto a Alí y limitarse a elegir a Umar como sucesor. Pero también Umar fue un jefe fuerte, y a falta de los cauces debidos era poco lo que podían hacer aparte de manifestar su oposición. Sin embargo, cuando Uzmán fue elegido califa en lugar de Alí, los Banu Hashim dijeron basta.

Para muchos en la comunidad quedó claro que el califato de Uzmán era un intento deliberado de contentar a la antigua aristocracia coraichita, que deseaba recuperar su posición anterior como élite de la sociedad árabe. Con la elección de Uzmán, la Casa de Omeya estaba de nuevo en poder del Hiyaz, tal como lo estuvo antes de que Mahoma lo conquistara en nombre del islam. La ironía de jurar lealtad al clan de los antiguos enemigos de Mahoma no pasó inadvertida a la familia del Profeta. Para empeorar las cosas, Uzmán, en lugar de intentar salvar la brecha cada vez mayor abierta en el seno de la comunidad, no hizo más que exacerbar la situación con su descarado nepotismo y su gobierno inepto.

En primer lugar, sustituyó a casi todos los emires existentes en los territorios musulmanes por miembros de su familia inmediata, como para indicar a todo el mundo la preeminencia de su clan. Luego echó mano con regularidad de las arcas públicas para repartir grandes sumas de dinero entre sus parientes. Por último, y más llamativamente, rompió con la tradición arrogándose el título hasta entonces inconcebible de *Khalifat Allah*, «Sucesor de Dios», título que Abu Bakr había rechazado explícitamente. Para los muchos enemigos de Uzmán, esta decisión fue señal de su soberbia. El califa, por lo visto, no se consideraba auxiliar del Mensajero, sino representante de Dios en la tierra.

Estos actos granjearon a Uzmán un intenso odio. No solo se volvieron contra el califa los Banu Hashim y los Ansar, sino también algunos de los clanes rivales de los Omeya —los Banu Zuhra, los Banu Majzum y los Abd Sham—, junto con algunos de los compañeros más influyentes, entro ellos Aisha e incluso Abderramán, el cuñado de Uzmán y el hombre que, como árbitro en la *shura* había sido pieza clave en su acceso al califato. Al final de su mandato, Uzmán había tomado tantas decisiones insensatas que ni siquiera su logro más destacado —la recopilación y fijación del Corán— le permitió escapar a las iras de la comunidad musulmana.

En vida de Mahoma, el Corán no estaba reunido en un solo volumen; de hecho, no estaba reunido en modo alguno. Tal como las recitaciones salían de la boca del Profeta, eran memorizadas diligentemente por una nueva clase de eruditos llamados *qurrá*, o «lectores del Corán», aleccionados personalmente por Mahoma. Solo las recitaciones más importantes —aquellas que trataban de cuestiones jurídicas— llegaron a plasmarse por escrito, básicamente en trozos de hueso, retazos de cuero y hojas de palmera.

Tras la muerte del Profeta, los *qurrá* se dispersaron por toda la comunidad como maestros autorizados del Corán. Pero con el rápido crecimiento de la *umma* y el fallecimiento de la primera generación de lectores del Corán, empezaron a aparecer ciertas desviaciones en las diversas recitaciones. Eran sobre todo diferencias insignificantes que reflejaban las afinidades locales y culturales de las comunidades musulmanas de Iraq o Siria o Basora; eran intrascendentes por lo que al significado y el mensaje del Corán se refería. Así y todo, la clase dirigente de Medina se alarmó cada vez más por estas discrepancias y empezó a plantearse lo que Mahoma no se había molestado en hacer: crear un único texto codificado y uniforme del Corán.

Ciertas tradiciones sostienen que el Corán, en su forma actual, fue recopilado por Abu Bakr durante su califato. Sin embargo, la mayoría de los estudiosos coincide en que fue Uzmán quien, en su condición de Sucesor de Dios, autorizó un único texto universalmente incuestionable del Corán alrededor del año 650 e.c. Pero, al hacerlo, Uzmán consiguió una vez más distanciarse de miembros importantes de la comunidad cuando decidió apoderarse de las variantes del Corán, llevarlas a Medina y prenderles fuego.

Esta decisión encolerizó a los líderes musulmanes de Iraq, Siria y Egipto, no porque consideraran que sus versiones del Corán eran en algún sentido mejores o más completas que la de Uzmán —como se ha mencionado, las variaciones eran bastante intrascendentes—, sino porque, a su juicio, Uzmán había rebasado los límites que imponía la autoridad secular del califa. En respuesta a sus quejas, Uzmán tachó de infieles a todos aquellos que pusieron en tela de juicio la autoridad de la recopilación oficial.

El estado de agitación contra Uzmán llegó a su punto culminante en el año 655, desencadenándose revueltas en todos los territorios musulmanes contra los emires incompetentes y a menudo corruptos del califa. En Medina, Uzmán era despreciado abiertamente. En una ocasión, mientras dirigía las oraciones de los viernes en la mezquita, le arrojaron una lluvia de piedras desde el fondo de la congregación. Una lo alcanzó en la frente. Cayó del *minbar*, el púlpito, y quedó inconsciente en el suelo. Al final, la situación se agravó tanto que varios destacados compañeros de La Meca se pusieron de acuerdo para rogar al califa que retirara a sus gobernadores corruptos, pusiera fin a su nepotismo y expresara su arrepentimiento ante toda la comunidad. Pero los miembros de su propio clan, y en especial su influyente primo Maruán, ávido de poder, presionaron a Uzmán para que no diera una imagen de debilidad humillándose.

La situación tuvo un final violento para Uzmán al cabo de un año, cuando una numerosa delegación procedente de Egipto, Basora y Kufa marchó hasta Medina para presentar sus quejas directamente al califa. Negándose a recibirlos, Uzmán mandó a Alí a pedirles que regresaran a sus casas con la promesa de que sus quejas serían atendidas.

No está claro qué ocurrió a continuación; las fuentes son confusas y contradictoras. De algún modo, en su regreso a casa, la delegación egipcia fue interceptada por un mensajero con una carta oficial en la que se exigía un inmediato castigo a los jefes rebeldes por su insubordinación. La carta llevaba el sello del califa. Indignada, la delegación se dio media vuelta y regresó a Medina, donde, con la ayuda de los rebeldes de Basora y Kufa, sitiaron la residencia de Uzmán y atraparon dentro al califa.

La mayoría de los historiadores están convencidos de que Uzmán no escribió esa carta: puede que fuera un mal líder político, pero no era un suicida. Debía de saber que los jefes rebeldes no aceptarían el castigo sin pelear.

El culpable más probable es Maruán, a quien atribuyeron la redacción de la carta muchos de los integrantes del círculo de Uzmán. Fue él quien aconsejó al califa que tratara con severidad a los rebeldes cuando se presentaron con sus quejas. Fue la influencia de Maruán la causa de que Uzmán no se arrepintiera de sus actos más deplorables, como enriquecer a su familia a costa de las arcas públicas. De hecho, cuando los compañeros censuraron a Uzmán precisamente por esta clase de comportamientos, Maruán, quien más se benefició del nepotismo del califa, desenvainó su espada y amenazó con matar a los más respetados miembros de la *umma* en presencia del sucesor del Profeta.

Al margen de quién escribiera la carta, los rebeldes de Egipto, Basora y Kufa —y casi todo el mundo en Medina— consideraban que Uzmán, según todas las costumbres, había fracasado en su gobierno y, como consecuencia, debía abandonar voluntariamente el cargo de califa.

En cierto sentido había incumplido su juramento de lealtad como jeque de la *umma* y violado la declaración de Abu Bakr, por la cual, si el califa no se atiene a las leyes de Dios y del Profeta, no tiene derecho a la obediencia.

Sin embargo, pese a que casi todo el mundo se había vuelto contra él, Uzmán siguió negándose a renunciar al poder. A su modo de ver, su posición de *Khalifat Allah* le había sido otorgada por Dios, no por los hombres; solo Dios podía privarlo del mando. No obstante, como musulmán devoto, se negó a atacar a los rebeldes que lo tenían sitiado, con la esperanza de conservar el control del califato sin derramar sangre musulmana. Ordenó, pues, a sus seguidores que en lugar de luchar se marchasen a casa y aguardasen a que el orden se restaurase de manera natural. Pero ya era demasiado tarde para eso.

Los rebeldes, incitados por una refriega frente a la residencia de Uzmán, irrumpieron en los aposentos del califa, donde lo encontraron sentado en un almohadón, leyendo el Corán que él mismo había recopilado y codificado. Ante la indiferencia de los compañeros y sin encontrar apenas resistencia por parte de la guardia, los rebeldes le pidieron por última vez que abdicara. Cuando Uzmán se negó, desenvainaron sus espadas y las hundieron en el pecho del califa. Este cayó de bruces sobre el Corán abierto, y su sangre empapó las hojas con filigranas doradas.

Alí Ibn Talib sucede a Uzmán: 656 e.c.

El asesinato del califa a manos de correligionarios musulmanes causó gran revuelo en la *umma*. Con Medina todavía bajo el control de los rebeldes, no estaba claro qué ocurriría a continuación. En el Hiyaz, eran muchos los musulmanes que se habrían apresurado a aprovechar la oportunidad de suceder a Uzmán, entre ellos dos destacados compañeros, ambos de La Meca, Talha Ibn Ubayd Alá y Zubayr Ibn al Awwam, a quienes Mahoma había elegido por su devoción.

Y naturalmente estaba Alí.

Cuando este se enteró del asesinato de Uzmán, se hallaba rezando en la mezquita. Intuyendo el caos que se produciría, regresó de inmediato a casa en busca de su familia, y especialmente de su hijo Hasán, que se había quedado atrás para intentar proteger a Uzmán. Al día siguiente, cuando una frágil paz se impuso en la ciudad, Alí volvió a la mezquita, donde encontró una numerosa delegación de musulmanes, allí congregada para suplicarle que aceptara el juramento de lealtad y fuera el siguiente califa. Alí aspiraba al califato desde hacía casi un cuarto de siglo. Sin embargo, ahora que ponían el cargo en sus manos, lo rehusó.

Dadas las circunstancias, la renuencia de Alí no era de extrañar. Si algo había demostrado la muerte de Uzmán, era que cierta forma de consentimiento popular seguía siendo esencial para conservar la autoridad en el califato. Pero con Medina bajo el control de los rebeldes, Egipto e Iraq sublevados, La Meca exigiendo que el califato volviera a la versión original de Abu Bakr y Umar, y los Banu Omeya reclamando una represalia inmediata por el homicidio de Uzmán, habría sido imposible obtener la aprobación popular.

Quedaba todavía un nutrido y formidable contingente de musulmanes cuyo apoyo incondicional a Alí no se había debilitado con el paso de los años. Constituían esta facción ciertos miembros de los Ansar, los Banu Hashim, algunos prominentes clanes coraichitas, unos cuantos destacados compañeros y varios grandes grupos de musulmanes no árabes (especialmente en Basora y Kufa) a quienes en sentido amplio se llamó Shiatu Alí, «Partido de Alí»: los chiíes.

A pesar de este apoyo, solo cuando sus rivales políticos de La Meca, entre ellos Talha y Zubaye, se comprometieron a jurarle lealtad, Alí cedió por fin y aceptó el mando. Insistiendo en que el juramento de lealtad se pronunciara públicamente en la mezquita y en presencia de toda la comunidad medinense, Alí Ibn Abi Talib, primo y yerno del Profeta, ocupó finalmente su lugar al frente de la *umma*. En un gesto elocuente, rechazó el título de califa, que consideraba manchado para siempre por Uzmán. Optó por el epíteto elegido por Umar, *Emir al Mumanín*, «Comandante de los Fieles».

Con el respaldo de su partido, Alí reinstauró el orden en Medina anunciando una amnistía general para todos los que, de un modo u otro, intervinieron en la muerte de Uzmán. Ese debía ser un momento para el perdón y la reconciliación, no para las represalias. Las viejas costumbres tribales, afirmó Alí, habían terminado. Para apaciguar aún más a los territorios rebeldes, retiró de sus puestos a casi todos los emires emparentados con Uzmán y asignó las vacantes a jefes locales cualificados. Aun así, las acciones de Alí, en particular la amnistía a los rebeldes, no solo indignó a los Omeya, sino que allanó el camino para que Aisha reuniera apoyo en La Meca contra el nuevo califa atribuyéndole la responsabilidad del asesinato de Uzmán.

Aisha en realidad no creía que Alí fuera culpable de la muerte de Uzmán; incluso si lo hubiera creído, probablemente no le habría importado. Despreciaba a Uzmán, y desempeñó un destacado papel en la rebelión contra él. De hecho, su hermano Muhammad fue una pieza clave en el asesinato del califa. Pero Aisha, quien había aprendido de su padre, Abu Bakr, que no debía confiarse el califato a *ahl al bayt* para evitar toda confusión entre la autoridad política y la religiosa en la *umma*, vio el homicidio de Uzmán como un medio para sustituir a Alí por alguien a quien considerase más apto para el cargo, muy probablemente Talha o Zubayr, sus cercanos aliados. Con la ayuda de estos, organizó un multitudinario contingente de mequíes y, a lomos de un camello, encabezó personalmente la batalla contra las fuerzas de Alí en Medina.

La batalla del Camello, como pasó a conocerse, fue la primera experiencia del islam en guerra civil, o *fitná*. En cierto modo, este conflicto fue consecuencia inevitable no solo del continuado antagonismo entre las facciones de Alí y Aisha, sino también del permanente debate en el seno de la comunidad acerca de las funciones del califa y la naturaleza de la *umma*. Con excesiva frecuencia, este debate se ha presentado como un enfrentamiento estrictamente polarizado entre aquellos que consideraban el califato un cargo exclusivamente secular y aquellos que opinaban que debía abarcar la autoridad temporal y religiosa del Profeta. Pero esta elemental dicotomía enmascara la diversidad de opiniones religioso-políticas existentes en Arabia sobre la naturaleza y las funciones del califato en los siglos VII y VIII.

La expansión asombrosamente rápida del islam por lo que hasta entonces se había considerado los inexpugnables dominios de los imperios bizantino y sasánida fue, para la mayoría de los musulmanes, prueba del favor divino de Dios. Al mismo tiempo, el encuentro con pueblos y gobiernos extranjeros obligaba a esos musulmanes a revisar los ideales que regían la estructura política de la comunidad. Y si bien todo el mundo coincidía en que la *umma* podía permanecer unida bajo la autoridad de un único líder, no había aún consenso en cuanto a quién debía ser ese líder, ni existía apenas acuerdo sobre cómo debía gobernar.

Por otro lado, estaban los musulmanes como Aisha y su facción, quienes, aun reconociendo la importancia de construir una comunidad consagrada a los mandamientos de Dios, querían mantener el carácter secular del califato. A esta facción se la conocía como el Shiatu Uzmán, «Partido de Uzmán», aunque conviene recordar que Aisha en modo alguno se consideraba defensora de la causa de Uzmán, a quien veía como la persona que había contaminado el califato fundado por su padre y el protegido de este, Umar.

Estaban asimismo los Banu Omeya, quienes, en vista del largo reinado de Uzmán, tenían la impresión de que el califato era ahora propiedad hereditaria de su clan. Por esta razón, al morir Uzmán, su pariente más cercano, Muauiya, emir de Damasco y vástago de los Omeya, decidió quitar importancia a los sucesos de Medina y empezó a urdir planes para apoderarse del califato él mismo. En ciertos sentidos, el Shiatu Muauiya, como se llamó a esta facción, representaba el ideal tradicional del liderazgo tribal, aunque el objetivo del propio Muauiya parecía un intento de guiar a la *umma* en la dirección de los grandes imperios bizantino y sasánida. Nadie reivindicaba aún la fundación de un reino musulmán, pero estaba cada vez más claro que ahora la *umma* era demasiado grande y demasiado rica para conservar la unidad con arreglo al sistema «neotribal» establecido por Mahoma en Medina.

En el extremo opuesto del espectro estaba el Shiatu Alí, decidido a preservar la visión original de la *umma* concebida por Mahoma, fueran cuales fuesen las consecuencias sociales o políticas. Aunque es verdad que ciertas facciones dentro de este grupo opinaban que el califato debía incorporar la autoridad religiosa de Mahoma, sería un error pensar que este punto de vista era entonces la posición establecida de los chiíes, como al final lo sería. En este punto no existían diferencias religiosas significativas entre los chiíes y el resto de los miembros de la comunidad musulmana, más tarde llamados *suníes*, u «ortodoxos». El Partido de Alí no era más que una facción política que defendía el derecho de la familia de Mahoma a gobernar la comunidad en lugar de Mahoma.

Sin embargo, existía una pequeña facción dentro de los chiíes que sostenía la opinión más extrema de que la *umma* era una institución de origen divino que solo podía ser dirigida por la persona más devota de la comunidad, al margen de cuáles fueran su tribu, su linaje o sus ancestros. Conocidos finalmente como jariyíes, fueron los integrantes de esta facción quienes justificaron el asesinato de Uzmán, aduciendo que el califa había incumplido los mandamientos de Dios y abandonado el ejemplo del Profeta, con lo cual no era ya digno del califato. Como los jariyíes insistían en la necesidad de una autoridad religiosa como califa, se los considera a menudo los primeros musulmanes teocráticos. Pero este fue un reducido grupo cuya posición radicalmente teocrática fue rechazada por casi todas las demás facciones que rivalizaban por el control de la comunidad musulmana.

Lo que convierte a los jariyíes en un elemento tan importante en la historia islámica es, no obstante, que representan los primeros intentos conscientes de definir una identidad musulmana distintiva. Era un grupo obsesionado con determinar quién podía ser considerado musulmán y quién no. Según los jariyíes, todo aquel que desobedeciese las prescripciones coránicas o se apartase de algún modo del ejemplo dado por el profeta Mahoma debía ser considerado un *kafir*, o «no creyente», y expulsado inmediatamente de la *umma*.

Por pequeño que fuera este grupo, hizo una aportación duradera al pensamiento musulmán con la afirmación de que la salvación solo se obtiene perteneciendo a la *umma*, la comunidad carismática y divina de Dios. Dividieron a todos los musulmanes en dos bandos: el «Pueblo del Cielo», como se autodenominaban los jariyíes, y el «Pueblo del Infierno», apelativo que incluía a todos los demás. En este sentido puede decirse que los jariyíes fueron los primeros musulmanes extremistas, y si bien el grupo duró solo un par de siglos, sus austeras doctrinas fueron adoptadas por posteriores generaciones de extremistas para sancionar religiosamente sus rebeliones políticas contra gobiernos tanto musulmanes como no musulmanes.

Por último, es importante ver que, al margen de cuáles fueran sus opiniones sobre la naturaleza y la función del califato, ningún musulmán de la Arabia del siglo VII habría reconocido la distinción entre lo secular y lo religioso que establecemos en nuestras sociedades modernas. La principal diferencia filosófica entre el Shiatu Uzmán y los jariyíes, por ejemplo, no era si la religión debía desempeñar un papel en el gobierno del Estado o no, sino en qué medida debía hacerlo. Así, mientras que el Shiatu Alí, el Shiatu Uzmán, el Shiatu Muauiya y los jariyíes eran sobre todo facciones políticas, los cuatro grupos se describían desde un punto de vista más religioso por el uso de la palabra *din*, o «religión».

Resulta difícil distinguir dónde encaja Alí en medio de este debate sobre la naturaleza y la función del califato, porque, como enseguida se verá, nunca tuvo opción de ocupar plenamente el cargo. A juzgar por las decisiones que tomó al suceder a Uzmán, Alí coincidía con la postura jariyí de que la *umma* era una comunidad de inspiración divina que no podía regirse ni por los ideales imperiales del Shiatu Muauiya ni por los precedentes tribales de Abu Bakr y Umar tal como los concebía el Shiatu Uzmán. Otro asunto es si Alí consideraba que el califato debía englobar plenamente la autoridad religiosa de Mahoma.

Ciertamente, Alí no era jariyí. Pero sentía un profundo vínculo con el Profeta, a quien había conocido durante toda su vida. Los dos se criaron juntos como hermanos en la misma casa, y Alí rara vez se separó de Mahoma ni en la infancia ni en la vida adulta. Habría sido comprensible, pues, que creyese que su relación con el Profeta le confería los atributos religiosos y políticos necesarios para guiar a la comunidad divina de Dios por el camino indicado por Mahoma. Pero eso no significa que pensase que estaba destinado a proseguir con la función profética de aquel por designación divina, tal como tiempo después afirmarían sus seguidores, ni significa que creyera que el califato debía ser forzosamente un cargo religioso.

Teniendo en cuenta las arteras maniobras políticas que se desarrollaban en torno a Alí, sus intentos de dar forma al califato como cargo de devoción religiosa, aunque no de autoridad religiosa, perecían condenados al fracaso desde el principio. No obstante, Alí tenía la firme intención de unir a la *umma* bajo la bandera de la familia de Mahoma y conforme a los principios igualitarios del Profeta. Por tanto, cuando sus fuerzas derrotaron rápidamente al ejercito de Aisha en la batalla del Camello —durante la cual Talha y Zubayr resultaron muertos y Aisha gravemente herida por una flecha—, en lugar de castigar a los rebeldes como había hecho Abu Bakr después de las guerras de Ridda, Alí reprendió a Aisha y su séquito y después, tras perdonarlos, les permitió regresar tranquilamente a La Meca.

La Batalla de Siffin: 657 e.c.

Con La Meca y Medina finalmente sometidas, Alí trasladó su califato a Kufa a fin de centrar la atención en Muauiya, quien, como hijo de Abu Sufyan y primo de Uzmán, había apelado a los viejos sentimientos tribales de sus parientes coraichitas para reunir un ejército contra Alí en venganza por el asesinato de Uzmán. En el año 657 e.c., Alí y su ejército de Kufa se encontraron con Muauiya y su ejército sirio en un lugar llamado Siffin. Después de una batalla larga y cruenta, las fuerzas de Alí se hallaban ya al borde de la victoria cuando Muauiya, intuyendo la derrota, ordenó a sus tropas que ensartaran en sus lanzas copias del Corán y las sostuvieran en alto: mensaje que indicaba su deseo de rendirse y someterse al arbitraje.

La mayor parte del ejército de Alí, sobre todo la facción jariyí que hasta ese momento había permanecido leal a él, le rogó que pasara por alto el gesto y continuara la batalla hasta que los rebeldes hubieran sido castigados por su insubordinación. Pero Alí, aunque presentía la traición de Muauiya, se negó a incumplir el mandamiento de Dios por el cual «si cesan, deben acabar todas las hostilidades» (2:193). Ordenando a su ejército que depusiera las armas, Alí aceptó la rendición de Muauiya y solicitó la presencia de un *hakam* para dirimir la disputa entre ellos.

Fue una decisión fatídica. El arbitraje posterior a la Batalla de Siffin dictaminó que el asesinato de Uzmán había sido injusto y merecía castigo: sentencia que, como mínimo en apariencia, justificaba la rebelión de Muauiya. Con todo, mucho más amenazador fue el hecho de que los jariyíes consideraron que la decisión de Alí de someterse al arbitraje en lugar de administrar la justicia divina contra los rebeldes era un grave pecado y merecía la expulsión de la comunidad santa. Al grito de «No hay más juicio que el de Dios», los jariyíes abandonaron airadamente a Alí en el campo de batalla antes siquiera de que el arbitraje empezara.

Alí apenas tuvo tiempo de asimilar el impacto del arbitraje. Después de la Batalla de Siffin, muy a su pesar, se vio obligado a enviar a su ejército a combatir contra los jariyíes, escindidos de su partido. Nada más someter a los jariyíes, tuvo que volver a centrar la atención en Muauiya, quien durante el prolongado proceso de arbitraje había conseguido reagrupar sus fuerzas, capturar Egipto y, en el año 660 e.c., proclamarse califa en Jerusalén. Con todas sus tropas dispersas y sus seguidores divididos en distintas líneas ideológicas, Alí reunió los pocos efectivos que le quedaban y al año siguiente preparó una campaña final contra Muauiya y los rebeldes sirios.

Alí es asesinado: 661 e.c.

La mañana anterior al comienzo de la campaña contra Muauiya, Alí entró a orar en la mezquita de Kufa. Allí lo abordó Abderramán Ibn Amr Ibn Muljam, un jariyí, quien, abriéndose paso entre los presentes en la mezquita, vociferó: «Es Dios quien juzga, Alí, no tú».

A continuación desenvainó una espada emponzoñada e hirió a Alí en la cabeza. Fue un corte superficial, pero el veneno surtió efecto. Dos días después Alí murió, y con él se fue el sueño de los Banu Hashim de unir la comunidad santa de Dios bajo la bandera única de la familia del Profeta.

En un sermón pronunciado unos años antes de su asesinato, Alí había comentado que «se reconoce a un hombre virtuoso por las cosas buenas que dicen de él y por las alabanzas que Dios le ha destinado a recibir de otros». Fueron palabras proféticas, ya que Alí murió, pero no cayó en el olvido. Para millones de chiíes de todo el mundo, sigue siendo el modelo de la piedad musulmana: la luz que ilumina el camino derecho hacia Dios. En palabras de Alí Shariati, es «el mejor por su oratoria [...], el mejor en la veneración [...], el mejor en la fe».

Es esta visión heroica de Alí la que ha quedado grabada en los corazones de aquellos que lo consideran el único sucesor de Mahoma, no solo el cuarto califa, sino otra cosa, algo más. Alí, afirman los chiíes, fue el primer *imán:* «la Prueba de Dios en la Tierra».

El califato después de los Bien Guiados

Tras la muerte de Alí, Muauiya logró por fin hacerse con el control absoluto de todos los territorios musulmanes. Trasladó la capital de Kufa a Damasco e inauguró la dinastía omeya, culminando así la transformación del califa en rey, y de la *umma* en imperio.

La dinastía árabe de Muauiya duró poco, desde el año 661 hasta el 750 e.c. Finalmente la sustituyó la dinastía abasí, que llegó al poder con la ayuda de los conversos no árabes (en su mayoría persas), muy superiores en número a la élite árabe. Los abasíes se consideraban descendientes de Al Abass, tío de Mahoma, y consiguieron apoyo de las facciones chiíes trasladando su capital a Bagdad y masacrando a todos los Omeya. Pero al final los chiíes rechazaron las pretensiones de legitimidad de los abasíes y, como consecuencia, fueron cruelmente perseguidos por los nuevos califas.

Si bien siguieron gobernando como reyes seculares, los califas abasíes se implicaron mucho más profundamente en cuestiones religiosas que sus predecesores omeya. El séptimo califa abasí, Al Mamún (m. 833), incluso intentó imponer una medida de ortodoxia imperial a sus súbditos musulmanes iniciando una inquisición religiosa breve y en último extremo fallida contra aquellos ulemas que disentían de sus creencias teológicas.

Aunque su dinastía duró hasta bien entrado el siglo XI, los últimos califas abasíes no eran más que figuras representativas, sin autoridad directa sobre los territorios musulmanes. Incluso Bagdad, su capital, se hallaba bajo el control de una agrupación chií de familias iraníes aristócratas conocidas como *búyidas,* quienes desde 932 hasta 1062 e.c. asumieron todos los asuntos de Estado, permitiendo al califa abasí permanecer en su trono sin poder. Entretanto, en El Cairo, se establecieron los fatimíes (909-1171) —chiíes que se declaraban descendientes de Fátima, esposa de Alí e hija de Mahoma— como rivales de Bagdad, manteniendo el control político sobre todos los territorios desde Túnez hasta Palestina. Y en España, un solitario descendiente de los Omeya, Abderramán, que había conseguido escapar de la matanza de Siria, fundó su propia dinastía, que no solo duró hasta bien entrado el siglo XV, sino que además se convirtió en el paradigma de las relaciones entre musulmanes, judíos y cristianos.

Los jefes persas búyidas fueron sustituidos finalmente por la etnia turca que fundó tanto la dinastía gaznaví (977-1186), que reclamaba la soberanía sobre el noreste de Irán, Afganistán y el norte de la India, como la dinastía selyúcida (1038-1194), que gobernó la mayoría de los territorios al este de esa zona. Fueron los turcos quienes, infiltrándose en diversos sultanatos como mercenarios, lograron por fin reunir la mayoría de los territorios musulmanes bajo el califato único de los otomanos: la dinastía suní que reinó desde su capital en Estambul entre 1453 y 1924, cuando se vieron desplazados por los vencedores de la Primera Guerra Mundial.

Después del califato

Ya no existe nada parecido a un califa. Con el auge del Estado-nación moderno en Próximo Oriente, los musulmanes han pugnado por reconciliar sus identidades duales como ciudadanos de entidades soberanas independientes y miembros de una comunidad mundial unificada.

Algunos sostienen, unos cuantos por medios violentos, que el califato debería reinstaurarse como emblema de la unidad musulmana. Estos musulmanes creen que los ideales del islam y el nacionalismo son «diametralmente opuestos», por citar palabras textuales de Maulana Maududi, fundador del movimiento sociopolítico paquistaní Jamaat-e-Islami (la Asociación Islámica). Por consiguiente, Maududi y muchos otros opinan que el único estado islámico legítimo sería un estado-mundo «en el que se desmantelaran las cadenas de los prejuicios raciales y nacionales».

En el siglo XX, la disputa histórica por la función del califa y el carácter de la *umma* se ha transformado en un debate sobre la manera adecuada de combinar los principios religiosos y sociales del islam —tal como los definió Mahoma y los desarrollaron los Bien Guiados— con los ideales modernos del constitucionalismo y los derechos democráticos. Y, sin embargo, este debate contemporáneo sigue profundamente arraigado en las mismas cuestiones sobre la autoridad política y religiosa con las que lidió la *umma* durante los primeros siglos del islam.

Así, en 1934, el reformador modernista Alí Abd Ar Raziq (1888-1966) abogó por la separación de la religión y el Estado en Egipto trazando una clara diferenciación entre la autoridad del Profeta, que, según él, se limitaba exclusivamente a su función religiosa como Mensajero de Dios, y la función puramente secular del califato, que no era más que una institución civil que todos los musulmanes podían cuestionar libremente, o a la que podían oponerse o incluso contra la que podían alzarse. Ar Raziq afirmó que la universalidad del islam podía basarse solo en sus principios religiosos y morales, que no tienen nada que ver con el orden político de los estados individuales.

Unos años después, el académico y activista egipcio Sayyid Qutb (1906-1966) rebatió el argumento de Ar Raziq declarando que la posición de Mahoma en Medina abarcaba tanto la autoridad religiosa como la política, lo que convertía el islam en una unidad cuyas «creencias teológicas [no pueden] divorciarse de la vida secular ni por su naturaleza ni por su objetivo». Por consiguiente, el único estado islámico legítimo es aquel que aborda las necesidades tanto materiales como morales de sus ciudadanos.

En la década de 1970, el ayatolá Ruholá Jomeini aplicó una interpretación característicamente chií del argumento de Qutb para asumir el control de una revolución social que estaba ya en marcha contra la despótica monarquía iraní respaldada por Estados Unidos. Apelando tanto a los sentimientos históricos de la mayoría chií del país como a las aspiraciones democráticas de las masas desafectas, Jomeini afirmó que solo una autoridad religiosa suprema podía administrar los «asuntos sociales y políticos del pueblo tal como [lo había hecho] el Profeta».

Todos estos líderes políticos pretendían de un modo u otro devolver cierto sentido de la unidad a lo que se ha convertido en una comunidad mundial de musulmanes profundamente fracturada. No obstante, sin una autoridad política centralizada (como un califa) ni una autoridad religiosa centralizada (como un Papa) para dar una sola voz que una a la comunidad musulmana mundial, el islam se ha fragmentado en docenas de sectas y cismas rivales, donde cada grupo reclama el derecho a interpretar el significado y el mensaje del islam en nombre de todos. El resultado ha sido una especie de disputa a voces. Y como en cualquier disputa a voces, a menudo son aquellos que más alto hablan —los extremistas, los fanáticos, los violentos y los revolucionarios— quienes llegan a hacerse oír. Sin duda ese ha sido el caso en estos últimos años, en los que hemos presenciado el auge de grupos extremistas violentos como Al Qaeda, grupo convencido de que su forma rígida y puritana de islam es la única forma de islam correcta, y de que todos los demás musulmanes son infieles que deben convertirse a su fe o ser aniquilados.

Pero si bien los trágicos acontecimientos del 11 de septiembre de 2001 han suscitado sentimientos antimusulmanes en todas las partes del mundo, también han iniciado entre los propios musulmanes un discurso vibrante y muy necesario sobre cómo conciliar sus creencias y sus prácticas con las realidades del mundo moderno. De hecho, lo que ha ocurrido desde aquel fatídico día equivale ni más ni menos a otra guerra civil musulmana —una *fitná*— que, al igual que la disputa para definir el islam después de la muerte del Profeta, escinde la comunidad musulmana en facciones enfrentadas. Mientras exista lo que se conoce como *religión,* siempre habrá hombres y mujeres cuyas reinterpretaciones radicales de su fe se vean alimentadas por programas sociales y políticos extremistas, del mismo modo que siempre existirán aquellos que luchen por la paz, la tolerancia y la razón. Pero para participar en el debate sobre el futuro del islam, en especial en lo referente a cuestiones tan delicadas como la idea de *yihad*, la relación entre musulmanes, judíos y cristianos, y el papel de las mujeres en el islam, necesitamos una comprensión mejor y más completa de cómo entendió y respondió a estas cuestiones el propio Profeta.

6

El significado de *yihad*: definición y origen

El islam se ha descrito tan a menudo, incluso por estudiosos contemporáneos, como «una religión militar, [con] guerreros fanáticos, dedicados a difundir su fe y su ley con la fuerza de las armas», por citar palabras textuales del historiador Bernard Lewis, que la imagen de las hordas musulmanas entrando salvajemente en combate como una plaga de langostas se ha convertido en uno de los estereotipos más arraigados en el mundo occidental. «En realidad, el islam nunca ha sido una religión de salvación —escribió el eminente sociólogo Max Weber—. El islam es una religión de guerreros.» Es una religión que Samuel Huntington describió como algo inmerso «en fronteras sangrientas».

Este arraigado estereotipo del islam como religión de guerreros tiene sus orígenes en la propaganda papal de las Cruzadas, cuando se representaba a los musulmanes como los soldados del anticristo que ocupaban blasfemamente la Tierra Santa (y, lo que era mucho más importante, la ruta de la seda hacia China). En la Edad Media, mientras los filósofos, científicos y matemáticos musulmanes preservaban el conocimiento del pasado y establecían la sabiduría del futuro, un Sacro Imperio Romano belicoso y profundamente fragmentado intentó diferenciarse de los turcos que lo estrangulaban por los cuatro costados calificando el islam de «la religión de la espada», como si en esa época hubiera algún otro medio de expansión territorial aparte de la guerra. Y cuando los colonizadores europeos de los siglos XVIII y XIX expoliaron sistemáticamente los recursos naturales de Oriente Próximo y el norte de África, creando sin darse cuenta una rabiosa reacción política y religiosa que generaría lo que popularmente se conoce como «fundamentalismo islámico», la imagen del temido guerrero musulmán, «ataviado con una larga túnica y blandiendo su cimitarra, dispuesto a sacrificar a cualquier infiel que se cruzara en su camino», se convirtió en un tópico literario muy popular. Todavía lo es.

Hoy día la imagen tradicional de las hordas musulmanas ha sido sustituida más o menos por una nueva imagen: el terrorista islámico, cargado de explosivos, dispuesto a convertirse en mártir por Dios, deseoso de llevarse consigo al mayor número de inocentes posible. Pero lo que no ha cambiado es la idea de que el islam es una religión cuyos seguidores han estado enzarzados en un perpetuo estado de guerra santa, o *yihad*, desde los tiempos de Mahoma hasta el día de hoy.

Sin embargo, la doctrina de la *yihad*, como tantas doctrinas en el islam, no se desarrolló plenamente como expresión ideológica hasta mucho después de la muerte de Mahoma, cuando los conquistadores musulmanes empezaron a asimilar las culturas y las prácticas del Oriente Próximo. El islam, debemos recordar, nació en una época de grandes imperios y conquistas mundiales, un tiempo en el que los bizantinos y los sasánidas —reinos teocráticos— vivían en un estado permanente de guerra religiosa por la expansión territorial.

Los ejércitos musulmanes que surgieron de la península arábiga se limitaron a unirse al tumulto ya existente; ellos no lo crearon ni lo definieron, aunque sí lo dominaron rápidamente. Pese a la generalizada percepción que existe en Occidente, los conquistadores musulmanes no impusieron la conversión a los pueblos conquistados; a decir verdad, ni siquiera la alentaron. La realidad es que las ventajas económicas y sociales de ser un árabe musulmán en los siglos VIII y IX eran tales que el islam no tardó en convertirse en una camarilla elitista, a la que podía unirse un no árabe solo por medio de un complejo proceso que implicaba llegar a ser antes cliente de un árabe.

Esa fue una época en la que la religión y el Estado constituían una entidad unificada. Ningún judío, cristiano, zoroastriano o musulmán de aquellos tiempos habría considerado que su religión tuviera sus raíces en las experiencias confesionales personales de los individuos. Todo lo contrario. Para una persona, la religión era su etnia, su cultura y su identidad social; definía sus opiniones políticas, su situación económica y su ética. Su religión era, más que nada, su *ciudadanía*. Así, el Sacro Imperio Romano tenía su versión oficialmente sancionada y jurídicamente sostenida del cristianismo, tal como el Imperio sasánida tenía su versión oficialmente sancionada y jurídicamente sostenida del zoroastrismo. En el subcontinente indio, los reinos vaisnavistas (devotos de Visnú y sus encarnaciones) rivalizaban con los reinos shivaístas (devotos de Sivá) por el control territorial, mientras que en China los soberanos budistas se enfrentaban con los soberanos taoístas por la influencia política.

En todas estas regiones, pero especialmente en el Oriente Próximo, donde la religión sancionaba explícitamente el Estado, la expansión territorial era idéntica al proselitismo religioso. En otras palabras, *todas* las religiones eran una «religión de la espada».

Cuando los conquistadores musulmanes se propusieron desarrollar el significado y la función de la guerra en el islam, tenían a su disposición los ideales sumamente desarrollados e imperialmente sancionados de la guerra religiosa tal como la definían y practicaban los imperios sasánida y bizantino. De hecho, el término «guerra santa» no se origina con el islam, sino con las Cruzadas cristianas, que lo utilizaron inicialmente para otorgar legitimidad teológica a lo que era en realidad una lucha por el territorio y las rutas comerciales. La «guerra santa» no era un término utilizado por los conquistadores musulmanes, y no es en modo alguno una definición adecuada de la palabra *yihad*. Hay en árabe un sinfín de palabras que pueden traducirse claramente como «guerra»; *yihad* no es una de ellas.

La palabra *yihad* significa literalmente «empeño», «pugna» o «gran esfuerzo». En su connotación religiosa primordial (a veces referida como «la *yihad* mayor»), significa la lucha del alma para vencer los obstáculos pecaminosos que apartan a una persona de Dios. Es por esto que la palabra *yihad* en el Corán va casi siempre seguida de la expresión «a la manera de Dios». Sin embargo, como el islam considera que esta lucha interior por la santidad y el sometimiento es inseparable de la lucha exterior por el bienestar de la humanidad, la *yihad* se ha relacionado más a menudo con su connotación secundaria («la *yihad* menor»): es decir, cualquier esfuerzo —militar o no— contra la opresión y la tiranía. Y si bien esta definición de *yihad* ha sido manipulada de vez en cuando por activistas y extremistas para otorgar sanción religiosa a lo que en realidad son proyectos sociales y políticos, lo cierto es que no se parece en nada a como Mahoma comprendía el término.

La guerra, según el Corán, es justa o injusta; nunca es «santa». Por consiguiente, la *yihad* se define más exactamente como «teoría de la guerra justa» primitiva: una teoría surgida de la necesidad y desarrollada en medio de una guerra cruenta y a menudo caótica que estalló en el año 624 e.c. entre la reducida pero creciente comunidad de Mahoma y los coraichitas, muy poderosos y omnipresentes.

Es cierto que algunos versículos del Corán ordenan a Mahoma y sus seguidores «matad a aquellos que atribuyen divinidad a otros junto con Dios dondequiera que los encontréis» (9:5); «Combate duramente a los que niegan la verdad y a los hipócritas, y sé inflexible con ellos» (9:73); y especialmente «luchad contra aquellos que —a pesar de haber recibido [con anterioridad] la revelación— no creen [realmente] ni en Dios ni en el Último Día» (9:29). Sin embargo, debe comprenderse que estos versículos hacían referencia a los coraichitas y sus partidarios clandestinos en Yazrib —llamados *concretamente* en el Corán «aquellos que atribuyen divinidad a otros» e «hipócritas», respectivamente—, con quienes la *umma* había entablado una guerra atroz.

Aun así, estos versículos vienen siendo utilizados desde hace mucho tiempo por musulmanes y no musulmanes por igual para indicar que el islam aboga por la lucha contra los infieles hasta que se conviertan. Pero esta no es una opinión que respaldaran ni el Corán ni Mahoma. Esta opinión fue promovida durante el período culminante de las Cruzadas y, en parte en respuesta a ellas, por las posteriores generaciones de juristas del islam que desarrollaron lo que ahora se conoce como «la doctrina clásica de la *yihad*»: una doctrina que, entre otras cosas, dividía el mundo en dos esferas, La Casa del Islam *(dar al Islam)* y la Casa de la Guerra *(dar al Harb)*, situándose la primera siempre por detrás de la segunda.

Cuando las Cruzadas llegaron a su fin y Roma apartó la atención de la amenaza musulmana para concentrarla en los movimientos de reforma cristianos que surgían por toda Europa, la doctrina clásica de la *yihad* fue puesta en duda enérgicamente por una nueva generación de estudiosos musulmanes. El más importante de estos fue Ibn Taymiya (1263-1328), cuya influencia en la configuración de la ideología musulmana es comparable solo a la influencia de san Agustín en la configuración del cristianismo. Ibn Taymiya sostenía que la idea de matar a los infieles que se negaban a convertirse al islam —el fundamento de la doctrina clásica de la *yihad*— no solo contradecía el ejemplo de Mahoma, sino que además transgredía uno de los principios más importantes del Corán: que «No cabe coacción en asuntos de fe» (2:256). De hecho, a este respecto el Corán es categórico. «Así pues —dice—, quien quiera, que crea, y quien quiera, que la rechace» (18:29). El Corán pregunta también retóricamente: «¿un ser humano puede llegar a creer si no es con la venia de Dios?» (10:100). Obviamente no; el Corán, por tanto, exige a los creyentes que digan a aquellos que no creen: «¡Para vosotros vuestra ley moral, y para mí la mía!» (109:6).

El rechazo de la doctrina clásica de la *yihad* por parte de Ibn Taymiya dio origen a la obra de varios pensadores musulmanes de la religión y la política en los siglos XVIII y XIX. En la India, Sayyid Ahmed Khan (1817-1898) utilizó el argumento de Taymiya para afirmar que la *yihad* no podía aplicarse en rigor a la lucha por la independencia contra la ocupación británica, porque los británicos no habían suprimido la libertad religiosa de la comunidad musulmana de la India, un requisito coránico para sancionar la *yihad* (como puede imaginarse, este era un argumento con poca acogida en la India colonial). Chiragh Alí (1844-1895), un protegido de Ahmed Khan, y uno de los primeros estudiosos musulmanes que impulsaron los estudios del Corán hacia la contextualidad racional, adujo que la comunidad musulmana moderna no podía tomar la *umma* histórica de Mahoma como ejemplo legítimo para saber cómo y cuándo librar una guerra, porque esa comunidad se desarrolló en una época en la que todo el mundo conocido se hallaba en estado de conflicto permamente. A principios del siglo XX, el reformista egipcio Mahmud Shaltut (1897-1963) utilizó la contextualización del Corán de Chiragh Alí para demostrar que el islam proscribe no solo las guerras que no surgen de una respuesta directa a la agresión, sino también aquellas que no han sido sancionadas por un jurista musulmán cualificado, o *muytahid*.

A lo largo del siglo pasado, sin embargo, y especialmente cuando la experiencia colonial dio origen a una nueva forma de radicalismo islámico en Oriente Medio, la doctrina clásica de la *yihad* experimentó un generalizado resurgimiento en los púlpitos y las aulas de algunos destacados intelectuales musulmanes. En Irán, el ayatolá Jomeini (1902-1989) se apoyó en una interpretación activista de la *yihad*, primero, para impulsar la revolución antiimperialista de 1979 y, después, para alimentar su destructiva guerra de ocho años contra Iraq. Fue la visión de la *yihad* de Jomeini como arma de guerra lo que contribuyó a fundar el grupo activista islámico Hezbolá, cuya utilización de la táctica del atentado suicida inició una espeluznante nueva era en el terrorismo internacional.

En Arabia Saudí, Abdulá Yusuf Azzam (1941-1989), profesor de filosofía islámica en la Universidad King Abdulaziz, utilizó su influencia entre los jóvenes desafectos para fomentar una interpretación sumamente hostil de la *yihad*, que, según él, atañía a todos los musulmanes. «Solo la *yihad* y el fusil», proclamaba el doctor Azzam ante sus alumnos. «Nada de negociaciones, nada de conferencias, nada de diálogos.» Las opiniones de Azzam asentaron las bases para el nacimiento del grupo activista palestino Hamás, que posteriormente adoptó las tácticas de Hezbolá en su resistencia contra la ocupación israelí. Sus enseñanzas tuvieron una repercusión excepcional en un discípulo en concreto: Osama Bin Laden, quien con el tiempo puso en práctica la ideología de su mentor mediante un llamamiento a la *yihad* musulmana mundial contra Occidente, que causó la muerte de miles de personas inocentes.

A todas luces, estos atentados no son golpes defensivos contra agresiones concretas. No están sancionados por un *muytahid* cualificado. No establecen diferencias entre combatientes y no combatientes. Y matan indiscriminadamente a mujeres, hombres, niños, musulmanes y no musulmanes. En otras palabras, distan mucho de las normas impuestas por Mahoma para la respuesta *yihadí* legítima, que es la razón por la que pese a la generalizada percepción dominante en Occidente, tales actos son rotundamente condenados por la gran mayoría de los musulmanes del mundo, incluidos algunos de los clérigos activistas y antiamericanos del islam, tales como el jeque Fadlalá, jefe espiritual de Hezbolá en el Líbano, y el teleevangelista musulmán radical Yusuf Al Qaradaui.

El hecho es que casi una de cada cinco personas en el mundo es musulmana. Y si bien algunas de ellas quizá compartan el sentimiento de agravio de Bin Laden contra las potencias occidentales, muy pocos comparten su interpretación de la *yihad*. En realidad, a pesar de cómo se ha manipulado esta doctrina para justificar prejuicios personales o ideologías políticas, la *yihad* no es un concepto universalmente reconocido ni unánimemente definido en el mundo musulmán. Es cierto que la lucha contra la injusticia y la tiranía atañe a todos los musulmanes. Al fin y al cabo, si no hubiese nadie que se alzara contra los déspotas y los tiranos, como dice el Corán, nuestros «monasterios, iglesias, sinagogas y mezquitas habrían sido destruidos» (22:40). Pero la visión coránica de la *yihad* debe comprenderse exclusivamente como respuesta *defensiva* a la opresión y la injusticia, y solo dentro de unas pautas de conducta ética en el combate claramente definidas. Ya que si, como afirman los politólogos, el factor determinante de una «guerra justa» es establecer las reglas concretas que abarcan tanto *jus in bello* (justicia *en* la guerra) como *jus ad bellum* (justicia *de* la guerra), no puede haber mejor manera para describir la doctrina de la *yihad* de Mahoma que como antigua teoría árabe de la «guerra justa».

7

Relaciones entre musulmanes y judíos

En los últimos años se han publicado numerosos libros y artículos en los que se afirma que los actuales conflictos entre musulmanes y judíos se remontan a los conflictos entre Mahoma y la comunidad judía de Arabia. Esta teoría, que a veces se presenta como doctrina irrebatible tanto en los estudios islámicos como en los judaicos, se funda en la creencia de que Mahoma, quien consideraba que su mensaje era una continuación de la tradición profética judeocristiana, llegó a Medina con la esperanza de que los judíos iban a aceptarlo como profeta. Supuestamente para facilitar esa aceptación, Mahoma vinculó su comunidad con la de ellos adoptando diversos rituales y prácticas judíos. Preocupado por la posibilidad de que su rechazo desacreditase de algún modo sus afirmaciones proféticas, Mahoma no tuvo más opción que volverse violentamente contra ellos, separar su comunidad de la de ellos y, en palabras de F. E. Peters, «remodelar el islam como alternativa al judaísmo».

Esta teoría presenta dos problemas. En primer lugar, no tiene en cuenta la perspicacia religiosa y política de Mahoma. Desde luego, el Profeta no era un beduino ignorante que venerase los elementos o hiciese reverencias ante losas de piedra. Era un hombre que durante casi medio siglo había vivido en la capital religiosa de la península arábiga, un mercader que mantenía sólidos lazos económicos y culturales tanto con los judíos como con las tribus cristianas. Habría sido de una ingenuidad absurda por parte de Mahoma presuponer que su misión profética sería tan evidente para los judíos como para él. Le habría bastado con estar familiarizado con los rudimentos de la doctrina del judaísmo para saber que ellos no necesariamente lo aceptarían como uno de sus profetas. Sin duda era consciente de que los judíos no reconocían a Jesús como profeta; ¿por qué iba a dar por supuesto que lo reconocerían a él como tal?

El hecho es que nada de lo que Mahoma dijo o hizo encontró necesariamente la oposición de los judíos de Medina. Como escribe Gordon Newby en *A History of the Jews of Arabia*, el islam y el judaísmo en la Arabia del siglo VII actuaban en «la misma esfera de discurso religioso», en el sentido de que ambas religiones compartían los mismos personajes, historias y anécdotas, ambas analizaban las mismas cuestiones fundamentales desde perspectivas análogas, y ambas poseían unos valores éticos y morales casi idénticos. Donde había discrepancias entre las dos fes, según apunta Newby, era en «la interpretación de temas comunes, no por visiones del mundo mutuamente excluyentes». Por citar a S. D. Goiten, «en lo que predicaba Mahoma [sencillamente] no había nada que repugnara a la religión judía».

Sería simplista afirmar que no existía ningún conflicto polémico entre Mahoma y los judíos de su tiempo. Pero este conflicto tenía que ver mucho más con las alianzas políticas y los lazos económicos que con un debate teológico sobre las Sagradas Escrituras. Era un conflicto alimentado principalmente por los vínculos tribales y los mercados libres de impuestos, no por el fanatismo religioso. Y si bien los biógrafos de Mahoma se complacen en presentarlo en una discusión teológica con belicosos grupos de «rabinos» que muestran «hostilidad hacia el apóstol por envidia, odio y malevolencia, porque Dios había elegido a Su apóstol entre los árabes», las similitudes en tono y forma de estos acontecimientos con las historias de las disputas de Jesús con los fariseos indican su función como recurso literario, no como hecho histórico. A decir verdad, los estudiosos han conocido durante siglos la conexión intencional que los primeros musulmanes trataron de trazar entre Jesús y Mahoma en un esfuerzo para relacionar la misión y el mensaje de los dos profetas.

Debe tomarse en consideración que las biografías de Mahoma se escribieron en una época en que la minoría judía en el estado musulmán era el único rival teológico que le quedaba al islam. No es de extrañar, por tanto, que los historiadores y teólogos musulmanes hayan fundamentado sus argumentos contra las autoridades rabínicas de su tiempo atribuyendo sus propias palabras a Mahoma. Si algo revelan las biografías de Mahoma, es el sentimiento antijudío de los biógrafos del Profeta, no los del propio profeta. Para comprender las verdaderas creencias de Mahoma con respecto a los judíos y los cristianos de su tiempo, uno no debe fijarse en las palabras que los cronistas ponen en su boca cientos de años después de su muerte, sino más bien en las palabras que Dios puso en su boca cuando vivía.

El Corán, como escritura sagrada y revelada, recuerda repetidamente a los musulmanes que lo que están oyendo no es un mensaje nuevo, sino «[una escritura divina que] confirma la verdad de lo que aún queda [de revelaciones anteriores]» (12:111). De hecho, el Corán propone la idea sin precedentes de que *toda* escritura revelada se deriva de un único libro oculto en los cielos llamado *Umm al Kitab* o «Madre de los Libros» (13:39). Eso significa que, tal como lo entendía Mahoma, la Torá, los Evangelios y el Corán debían leerse como una única narración cohesionada sobre la relación entre la humanidad y Dios en la que la conciencia profética de un Profeta se transmite espiritualmente al siguiente: desde Adán hasta Mahoma. Por esta razón, el Corán aconseja a los musulmanes que digan a los judíos y a los cristianos: «Creemos en Dios y en lo que se ha hecho descender para nosotros, y en lo que se hizo descender para Abraham, Ismael, Isaac, Jacob y sus descendientes, y en lo que Moisés, Jesús y todos los [demás] profetas han recibido de su Sustentador: no hacemos distinción entre ninguno de ellos. Y a Él nos sometemos» (3:84).

Los musulmanes creen que el Corán es la revelación última en esta secuencia de escrituras, del mismo modo que creen que Mahoma es «el Sello de todos los Profetas». Pero el Corán en ningún momento pretende anular las escrituras anteriores, sino solo completarlas. Y si bien la idea de que unas escrituras confieran autenticidad a otras es, por decir poco, un hecho destacado en la historia de las religiones, el concepto de *Umm al Kitab* puede indicar un principio aún más profundo.

Como señala el Corán una y otra vez, y como afirma explícitamente la Constitución de Medina, puede que Mahoma atribuyera al concepto del *Umm al Kitab* el significado no solo de que los judíos, cristianos y musulmanes compartían unas únicas escrituras divinas, sino también de que todos juntos constituían una única *umma* divina. Por lo que a Mahoma se refería, los judíos y los cristianos eran «las gentes del Libro» *(ahl al Kitab)*, parientes espirituales que, a diferencia de los paganos y los politeístas de Arabia, rendían culto al mismo Dios, leían las mismas escrituras y compartían los mismos valores morales que su comunidad musulmana.

Aunque cada credo abarcaba su propia comunidad religiosa bien definida (su propia *umma* individual), juntas formaban una *umma* unida, una idea extraordinaria que Mohammed Bamyé llama pluralismo monoteísta. Así, el Corán promete que «quienes han llegado a creer [en esta escritura divina], y quienes siguen el judaísmo, y los sabeos, y los cristianos —*todos los que creen en Dios y en el Último Día y obran rectamente— nada tienen que temer y no se lamentarán»* (5:69; la cursiva de énfasis es añadida).

Fue esta convicción de la existencia de una *umma* monoteísta unificada lo que llevó a Mahoma a establecer relaciones entre su comunidad y los judíos, no una necesidad de emular a los clanes judíos ni el deseo de allanar el camino para su propia aceptación ante ellos como Profeta. Mahoma vinculó su comunidad con los judíos de Medina porque los consideró, al igual que a los cristianos, parte de su *umma*. Por consiguiente, cuando llegó a Medina decidió que la dirección en que debían rezar, o *alquibla*, todos los musulmanes era hacia Jerusalén, sede del Templo (destruido hacía mucho tiempo) y hacia donde se volvían los judíos de la diáspora durante la veneración. Impuso un ayuno obligatorio a su comunidad, que tendría lugar anualmente el día décimo *(Ashura)* del primer mes del calendario judío, el día conocido más comúnmente como Yom Kippur. Intencionadamente, fijó el momento de congregación musulmán a las doce del mediodía del viernes, para que coincidiera, pero no perturbara, los preparativos judíos para el sabbat. Adoptó muchas de las leyes dietéticas y requisitos de pureza de los judíos, y animó a sus seguidores a casarse con judías tal como hizo él mismo (5:5-7).

Y aunque es cierto que pasados unos años Mahoma desplazó el *alquibla* de Jerusalén a La Meca y fijó el ayuno anual en Ramadán (el mes en que se reveló el Corán), en lugar del Yom Kippur, estas decisiones no deben interpretarse como «una ruptura con los judíos», sino como la maduración del islam para convertirse en una religión independiente. A pesar de los cambios, Mahoma siguió animando a sus seguidores a ayunar en el Yom Kippur, y nunca dejó de venerar a Jerusalén como ciudad santa; de hecho, después de La Meca y Medina, Jerusalén es la ciudad más sagrada de todo el mundo musulmán. Además, el Profeta mantuvo casi todas las restricciones en cuanto a dieta, pureza y matrimonio que había adoptado de los judíos. Y hasta el día de su muerte mantuvo un diálogo pacífico —no un debate teológico— con las comunidades judías de Arabia, tal como le había mandado el Corán: «No discutáis con los seguidores de revelaciones anteriores sino de la forma más amable, a no ser que sean de los que están empeñados en hacer el mal» (29:46). El ejemplo de Mahoma debió de tener un efecto duradero en sus primeros seguidores: como ha demostrado Nabia Abbott, durante los dos primeros siglos del islam, los musulmanes leían regularmente la Torá junto con el Corán.

Mahoma sin duda comprendía que había claras diferencias teológicas entre el islam y las otras gentes del Libro. Pero veía esas diferencias como parte de los designios de Dios, que podría haber creado una única *umma* si hubiese querido, pero había preferido que «cada *umma* tuviese su propio Mensajero» (10:47). Así, a los judíos, Dios les envió la Torá, «que contiene orientación y luz»; a los cristianos, Dios les envió a Jesús, que «confirma la Torá»; y finalmente, a los árabes, Dios les envió el Corán, que «confirma las revelaciones anteriores». De este modo, las diferencias ideológicas entre las gentes del Libro se explican en el Corán como el deseo de Dios de conceder a cada pueblo su propia «ley y camino y forma de vida» (5:42-48).

Dicho esto, hubo algunas diferencias teológicas que Mahoma consideró innovaciones intolerablemente heréticas creadas por la ignorancia y el error. La principal entre estas era el concepto de la Trinidad. «Dios es uno», afirma el Corán taxativamente. «Dios, el Eterno, la Causa Primera de Todo Cuanto Existe. No engendra, ni ha sido engendrado» (112:1-3).

Sin embargo, este versículo, y otros muchos similares en el Corán, no es en modo alguno una condena al cristianismo per se, sino a la ortodoxia bizantina imperial (trinitaria), que no era ni la única postura cristiana en el Hiyaz ni la postura dominante. Desde el principio de su ministerio, Mahoma reverenció a Jesús como el mayor de los mensajeros de Dios. Gran parte de la narración del Evangelio vuelve a contarse en el Corán, aunque en versión un tanto abreviada, incluido el nacimiento de Jesús, alumbrado por la Virgen (3:47), sus milagros (3:49), su identidad como Mesías (3:45) y su futuro juicio sobre la humanidad al final de los tiempos (4:159).

Lo que el Corán no acepta, sin embargo, es que Jesús fuera Dios él mismo, como creían los trinitarios ortodoxos. A esos cristianos Mahoma no los consideraba siquiera gentes del Libro: «quienes dicen "¡Dios es el tercero en una trinidad!" niegan la verdad —declara el Corán—, pues no hay más verdad que el Dios Único» (5:73). Mahoma creía que los cristianos ortodoxos habían corrompido el mensaje original de Jesús, quien, afirma el Corán, nunca se atribuyó la divinidad ni pidió que se lo venerase (5:116-18), sino que, más bien, mandó a sus discípulos: «¡Adorad [solo] a Dios, [que es] mi Sustentador y también vuestro Sustentador!» (5:72).

Mahoma arremetió asimismo contra aquellos judíos de Arabia que querían «abandonar la fe de Abraham» (2:130) y «fueron agraciados con la carga de la Torá y luego no supieron llevar esa carga» (62:5). Tampoco esto era una condena del judaísmo. Mahoma respetaba y diferenciaba a los grandes patriarcas judíos, como queda patente en el hecho de que en el Corán se menciona a casi todos los profetas bíblicos. Mahoma hacía referencia, por el contrario, a aquellos judíos de la península arábiga —y solo de la península arábiga— que en la fe y en la práctica habían «roto su solemne compromiso» (5:13) con Dios. Y si los clanes judíos de Medina servían para formarse una idea, había muchos de ellos.

Las quejas de Mahoma en el Corán no iban dirigidas contra las religiones del judaísmo y cristianismo, a las que consideraba casi idénticas al islam: « Creemos en lo que se ha hecho descender para nosotros dice el Corán, y también en lo que se ha hecho descender para vosotros [judíos y cristianos]» (29:46). Su queja iba dirigida a aquellos judíos y cristianos a quienes había conocido en Arabia, personas que, en su opinión, habían quebrantado la alianza con Dios y corrompido las enseñanzas de la Torá y los Evangelios. Esos no eran creyentes, sino apóstatas con quienes los musulmanes, según advierte el Corán, no deben aliarse: «¡Oh, seguidores de una revelación anterior! ¿Nos censuráis únicamente por creer en Dios [solo], y en lo que Él ha hecho descender para nosotros [el Corán] y también en lo que ha hecho descender con anterioridad [la Torá y los Evangelios], o [es solo] porque la mayoría sois perversos?» (5:57-59).

La cuestión es que, cuando Mahoma recordó a los judíos de Arabia «las bendiciones que [Dios] os dispensé, y como os favorecí sobre todos los demás pueblos» (2:47), cuando arremetió contra los cristianos por abandonar su fe y tergiversar la verdad de sus escrituras, cuando se quejó de que estos dos grupos no observaban ya «la Torá y el Evangelio y toda [la revelación] que su Sustentador ha hecho descender para ellos, y que no seguían las enseñanzas» (5:66), simplemente seguía los pasos de los profetas que lo habían precedido. Era, en otras palabras, Isaías llamando a los demás judíos «nación pecadora» (Isaías 1:4); era Juan el Bautista contra «la estirpe de víboras» que daban por sentado que su posición como «hijos de Abraham» los libraría del juicio (Lucas 3:7-8); era Jesús al anunciar la condenación eterna a los hipócritas que habían «invalidado el nombre de Dios en nombre de la tradición» (Mateo 15:6). Al fin y al cabo, ¿no es precisamente este el mensaje que en principio debe transmitir un Profeta?

El ejemplo de Mahoma a su comunidad explica por qué, en su mayor parte, los judíos prosperaron bajo la dominación musulmana, sobre todo cuando el islam se difundió por territorio bizantino, donde los gobernantes ortodoxos perseguían sistemáticamente tanto a los judíos como a los cristianos no ortodoxos por sus creencias religiosas, a menudo obligándolos a convertirse al cristianismo imperial so pena de muerte. En contraste, la ley musulmana, que considera a judíos y cristianos «pueblos protegidos» (*dimmi*), ni exigía ni alentaba la conversión al islam. La persecución musulmana de los *dimmi* no solo estaba prohibida por la ley islámica, sino que además desafiaba directamente las órdenes de Mahoma a sus ejércitos, según las cuales nunca debían importunar a los judíos en su práctica del judaísmo, y siempre debían preservar las instituciones cristianas que encontraran.

A cambio de un «tributo de protección» especial llamado *yizia*, la ley musulmana concedió a judíos y cristianos tanto autonomía religiosa como la oportunidad de compartir las instituciones sociales y económicas del mundo musulmán. En ningún lugar fue tan evidente esta tolerancia como en la España medieval —el máximo ejemplo de cooperación entre musulmanes, judíos y cristianos—, donde los judíos podían ascender a los puestos más elevados de la sociedad y el gobierno. Uno de los hombres más poderosos de toda la España musulmana fue un judío llamado Hasdai Ibn Shaprut, quien durante muchas décadas sirvió como visir de confianza del califa Abderramán III. No es de extrañar, pues, que documentos judíos escritos durante este período hagan referencia al islam como «un acto de misericordia de Dios».

Por supuesto, incluso en la España musulmana hubo períodos de intolerancia y persecución religiosa. Además, la ley islámica sí prohibía a los judíos y los cristianos hacer proselitismo de su fe abiertamente en lugares públicos. Pero estas prohibiciones afectaban más a los cristianos que a los judíos, quienes históricamente habían demostrado poca inclinación al proselitismo y la exhibición pública de sus rituales religiosos. Acaso esto explique por qué el cristianismo desapareció gradualmente de la mayor parte de los territorios islámicos, en tanto que las comunidades judías proliferaron y prosperaron.

No es casualidad que los estudiosos de los textos jurídicos y las escrituras musulmanas de los siglos posteriores, al igual que echaron atrás muchas de las reformas sociales de Mahoma encaminadas a dar más poder a las mujeres (véase el próximo capítulo), rechazaran la idea de que judíos y cristianos formaban parte de la *umma*, y calificaran a ambos grupos de infieles. Esos estudiosos reinterpretaron la Revelación para declarar que el Corán había reemplazado, más que complementado, la Torá y los Evangelios y exigieron a los musulmanes que se diferenciaran de las gentes del Libro. Esto fue en gran medida un intento de crear distancia entre la religión naciente del islam y las otras comunidades para que pudiera establecer su propia independencia religiosa.

No obstante, los actos de estos estudiosos de las escrituras contradecían claramente el ejemplo de Mahoma y las enseñanzas del Corán. Ya que Mahoma, si bien reconoció las diferencias irreconciliables existentes entre las gentes del Libro, nunca exigió una separación de los credos. Es una tragedia que, después de 1.400 años, este sencillo acuerdo no haya salvado aún las diferencias ideológicas, a veces nimias pero a menudo conflictivas, entre los tres credos de Abraham.

8

La mujer en el islam

Quizás en ninguna otra parte se ve tan claramente la lucha de Mahoma por la redistribución económica y el igualitarismo social que en los derechos y privilegios que otorgó a las mujeres de su comunidad. Partiendo de la convicción muy poco bíblica de que los hombres y las mujeres fueron creados juntos y simultáneamente de una sola célula (4:1; 7:189), el Corán insiste mucho en la igualdad entre los sexos a los ojos de Dios:

> *En verdad, para [todos] los hombres y mujeres que se han sometido a Dios, los creyentes y las creyentes, los hombres y mujeres realmente devotos, los hombres y mujeres fieles a su palabra, los hombres y mujeres pacientes en la adversidad, los hombres y mujeres humildes [ante Dios], los hombres y mujeres que dan limosna, los abstinentes y las abstinentes, los hombres y mujeres que guardan su castidad, y los hombres y mujeres que recuerdan mucho a Dios: para [todos] ellos ha preparado Dios perdón de los pecados y una magnífica recompensa (33:35).*

Sin embargo, el Corán reconoce que los hombres y las mujeres tienen funciones distintas y separadas en la sociedad; habría sido absurdo afirmar otra cosa en la Arabia del siglo VII. Así, «los hombres son responsables del cuidado de las mujeres en virtud de lo que Dios les ha concedido en mayor abundancia a ellos que a ellas, y de lo que ellos gastan de sus bienes» (4:34).

Con unas pocas excepciones notables (como Jadiya), las mujeres en la Arabia preislámica no podían tener propiedades ni heredarlas de sus maridos. Una esposa era considerada ella misma una propiedad, y tanto ella como su dote eran heredadas por el heredero varón de su difunto marido. Si el heredero varón no estaba interesado en la viuda, podía cederla a sus propios parientes —un hermano o un sobrino—, quienes entonces podían casarse con ella y tomar el control de las propiedades de su marido muerto. Si la mujer era ya demasiado mayor para volver a casarse, o si nadie estaba interesado en ella, la mujer y su dote volvían al clan. Lo mismo era aplicable a todos los huérfanos que, como Mahoma al morir sus padres, eran considerados demasiado jóvenes para heredar las propiedades del padre.

Mahoma, como se ha señalado en el capítulo cuatro, invirtió este orden social y concedió a las mujeres musulmanas los derechos a la herencia y el divorcio de los que las europeas y las cristianas no disfrutarían hasta pasados mil años. Pero quizás el mayor cambio que introdujo en la condición de las mujeres fue la limitación de la práctica de la poligamia.

En ciertos sentidos las costumbres arábigas preislámicas eran extraordinariamente laxas en lo que se refería al matrimonio y el divorcio. En las sociedades beduinas, tanto hombres como mujeres practicaban la poligamia y ambos disponían del recurso del divorcio: los hombres simplemente por medio de una declaración tal como «¡Me divorcio de ti!»; las mujeres —que permanecían con la familia de su padre durante el matrimonio— dando la vuelta a su tienda de campaña para que la entrada no fuera ya accesible al marido cuando acudiera de «visita». Como la paternidad carecía de importancia en las sociedades beduinas (el linaje se transmitía principalmente a través de la madre), daba igual cuántos maridos tuviera una mujer o quién fuera el padre de sus hijos. Sin embargo, en las sociedades sedentarias como la mequí, donde la acumulación de riqueza confería mayor importancia a la herencia y, por tanto, a la paternidad, la sociedad matrilineal (es decir, heredada o seguida a través de la línea de la madre) había dado paso gradualmente a una sociedad patrilineal (es decir, a través del padre). Como consecuencia de esta tendencia patrilineal, las mujeres de las sociedades sedentarias se vieron despojadas paulatinamente tanto del derecho al divorcio como del acceso a la poliandria, la práctica de tener más de un marido.

Aunque las opiniones de Mahoma sobre el matrimonio parecen mucho más influenciadas por la tradición judía que por las tradiciones de la Arabia preislámica, él seguía siendo producto de la sociedad de La Meca. Así, mientras que limitaba los derechos de los hombres a divorciarse de sus esposas —obligándolos a un período de reconciliación de tres meses antes de que la declaración de divorcio tuviera efecto— y mientras que otorgaba a las mujeres el derecho a divorciarse de sus maridos si temían «crueldad o malos tratos» (4:128), consolidó no obstante la tendencia a la sociedad patrilineal, poniendo fin definitivamente a toda unión poliándrica. Una mujer musulmana ya nunca podría tener más de un marido. Si un hombre musulmán puede o no tener más de una esposa (poliginia) sigue siendo a día de hoy una cuestión en disputa.

Sin embargo, Mahoma aceptaba claramente la poliginia (dentro de cierto límites) como algo necesario para la supervivencia de la *umma*, sobre todo cuando, como consecuencia de la guerra contra los coraichitas, quedaron centenares de viudas y huérfanos a quienes la comunidad debía alimentar y proteger. «Casaos con [otras] mujeres que os sean lícitas: dos, tres o cuatro —afirma el Corán—; *pero [no] si teméis no ser capaces de tratarlas con equidad...*» (4:3; la cursiva de énfasis es añadida).

No obstante, el Corán deja claro que la monogamia es el modelo preferido de matrimonio cuando afirma que «*no seréis capaces de tratar a vuestras mujeres con ecuanimidad*, por mucho que lo deseéis» (4:129; la cursiva de énfasis es añadida). Esta aparente contradicción arroja cierta luz sobre el dilema que atormentó a la comunidad durante su primera etapa. En esencia, mientras el creyente individual luchaba por la monogamia, la comunidad que Mahoma intentaba construir en Yazrib habría estado condenada al fracaso sin la poliginia.

Para la gran mayoría de los musulmanes de todo el mundo, no cabe duda que los dos versículos arriba citados, cuando se combinan y se analizan en su contexto histórico, deben interpretarse como rechazo de la poligamia en todas sus formas. Y, sin embargo, aún hay musulmanes, sobre todo en las sociedades tribales como Arabia Saudí y Afganistán, que utilizan el Corán y el ejemplo dado por Mahoma para justificar sus matrimonios polígamos.

Por desgracia, poco después de la muerte de Mahoma muchos de los avances radicales en cuanto a los derechos de las mujeres que él defendió durante toda su vida y su ministerio fueron socavados sistemáticamente por sus propios seguidores. Esta inversión en la función de las mujeres tuvo que ver en parte con las circunstancias a las que hizo frente la comunidad musulmana en los tumultuosos años posteriores a la muerte de Mahoma. Esta fue una época en la que la *umma* crecía en riqueza y poder y se expandía a un ritmo asombroso. Tan solo cincuenta años después del fallecimiento del Profeta, la pequeña comunidad que Mahoma había fundado en Yazrib rebasó los límites de la península arábiga y engulló todo el inmenso Imperio sasánida de Irán. Cincuenta años después de eso, se había apoderado de la mayor parte del noroeste de la India, había absorbido todo el norte de África, y había reducido el Imperio bizantino cristiano a poco más que una potencia regional en deterioro. Cincuenta años después de eso, el islam se había adentrado en Europa a través de España y el sur de Francia.

Mientras la pequeña comunidad de seguidores árabes de Mahoma se desarrollaba hasta convertirse en el mayor imperio del mundo, afrontó un creciente número de desafíos jurídicos y religiosos que no se abordaban explícitamente en el Corán. Cuando Mahoma estaba aún entre ellos, estas preguntas podían planteársele sin más. Pero, sin el Profeta, cada vez fue más difícil saber con certeza cuál era la voluntad de Dios en cuestiones que desbordaban los conocimientos y experiencias de los miembros de una tribu del Hiyaz.

Al principio la *umma* acudió naturalmente a los primeros compañeros en busca de orientación y mando. Como primera generación de musulmanes —las personas que habían caminado y hablado con el Profeta—, los compañeros poseían la autoridad necesaria para tomar decisiones jurídicas y espirituales en virtud de su conocimiento directo de la vida y enseñanzas de Mahoma. Eran los depositarios vivos de los *hadices*: los relatos orales que recordaban las palabras y los hechos de Mahoma.

Los *hadices*, en la medida en que abordaban cuestiones no tratadas en el Corán, se convertirían en una herramienta indispensable en la formación de la ley islámica. Sin embargo, en sus primeras etapas, los *hadices* estaban desordenados y carecían de toda regulación, con lo que su autenticación era casi imposible. Peor aún, al fallecer la primera generación de compañeros, la comunidad pasó a depender cada vez más de los informes que la segunda generación de musulmanes (conocidos como los *tabiun*) había recibido de la primera; cuando la segunda generación murió, la comunidad se hallaba aún un paso más lejos de las auténticas palabras y hechos del Profeta.

Así, con cada generación sucesiva, la «cadena de transmisión», o *isnad*, que supuestamente debía autentificar los *hadices*, se hizo más larga y confusa, de modo que en menos de dos siglos tras la muerte de Mahoma, circulaban por los territorios musulmanes más de setecientos mil *hadices*, en su gran mayoría indudablemente inventados por individuos que pretendían legitimar sus propias creencias y prácticas particulares relacionándolas con el Profeta. Tras unas cuantas generaciones, podía darse rango de *hadiz* a casi cualquier cosa si uno sencillamente sostenía que su transmisión se remontaba a los tiempos de Mahoma. De hecho, el estudioso húngaro Ignaz Goldziher ha documentado numerosos *hadices* que, según sus transmisores, se derivaban de Mahoma y, sin embargo, eran en realidad versículos de la Torá y los Evangelios, fragmentos de dichos rabínicos, antiguas máximas persas, pasajes de la filosofía griega, proverbios indios e incluso una reproducción casi palabra por palabra del padrenuestro. Allá por el siglo IX, cuando se dio forma a la ley islámica, circulaban muchos falsos *hadices* en la comunidad, que los juristas musulmanes clasificaron de manera un tanto caprichosa en dos categorías: mentiras contadas a fin de obtener ganancias materiales y mentiras contadas a fin de obtener provecho ideológico.

En los siglos IX y X se llevó a cabo un esfuerzo concertado para cribar la descomunal acumulación de *hadices* a fin de separar lo fiable del resto. Sin embargo, durante cientos de años cualquiera que tuviese el poder y la riqueza necesarios para incidir en la opinión pública acerca de un determinado asunto —y que quisiese justificar sus propias ideas sobre, por ejemplo, el papel de las mujeres en la sociedad— solo tenía que remitirse a un *hadiz* que hubiese oído decir a alguien, que a su vez lo hubiese oído decir a otra persona, que a su vez lo hubiese oído decir a un compañero, que lo hubiese oído decir al Profeta.

No sería exagerado afirmar, pues, que muy poco después de la muerte de Mahoma los hombres que asumieron la labor de interpretar la voluntad de Dios en el Corán y la voluntad de Mahoma en los *hadices* —hombres que se contaban casualmente entre los miembros más poderosos y acaudalados de la *umma*— no estaban tan preocupados por la precisión de su información o la objetividad de su exégesis como por recuperar la supremacía económica y social que las reformas del Profeta les habían arrebatado. Como señala la estudiosa islámica Fátima Mernissi, uno siempre debe recordar que detrás de todo *hadiz* se esconden las enconadas pugnas por el poder y los intereses encontrados que cabe esperar en una sociedad «en la que la movilidad social [y] la expansión geográfica estaban a la orden del día».

Así, cuando el Corán prevenía a los creyentes de que no debían «transmitir vuestra riqueza y propiedades a los débiles mentales *(sufaha)*», los primeros comentaristas coránicos —todos ellos hombres— declararon, pese a las advertencias del Corán al respecto, que «los *sufaha* son las mujeres y los niños [...], y *ambos deben quedar excluidos de la herencia*» (la cursiva de énfasis es añadida).

Cuando un comerciante rico y destacado de Basora llamado Abu Bakra (que no debe confundirse con Abu Bakr) afirmó, veinticinco años después de la muerte de Mahoma, que una vez oyó decir al Profeta: «Aquellos que confían sus asuntos a una mujer nunca conocerán la prosperidad», su autoridad como compañero no fue puesta en tela de juicio.

Cuando Abu Said Al Judri juró que había oído al Profeta decir a un grupo de mujeres: «No he visto a nadie más deficiente en inteligencia y religión que vosotras», sus recuerdos no fueron puestos en duda, pese a que, según los biógrafos de Mahoma, este siguió repetidamente los consejos de sus esposas, incluso en asuntos militares.

Y por último, cuando el célebre comentarista coránico Fajr ad Din ar Razi (1149-1209) interpretó el versículo «Y entre Sus portentos está el haber creado para vosotros parejas de vuestra misma especie, para que os inclinéis hacia ellas, y haber engendrado amor y ternura entre vosotros» (30:21) como «prueba de que las mujeres fueron creadas como los animales y las plantas y otros objetos útiles [y no para] rendir culto y respetar los mandamientos divinos […], porque la mujer es débil, tonta y en cierto sentido como un niño», su comentario pasó a ser (y todavía lo es) uno de los más ampliamente aceptados en el mundo musulmán.

Merece la pena insistir en este último punto. El hecho es que durante catorce siglos la ciencia del comentario coránico ha sido dominio exclusivo de los hombres musulmanes, y como cada exegeta inevitablemente aporta al Corán su propia ideología y sus propias ideas preconcebidas, no debe sorprendernos descubrir que ciertos versículos se hayan leído muy a menudo desde su interpretación más misógina. Fijémonos, por ejemplo en cómo el siguiente versículo (4:34) relativo a las obligaciones de los hombres para con las mujeres ha sido volcado al inglés por dos traductores contemporáneos distintos, pero cuyas traducciones del Corán son ampliamente leídas. El primero es de la edición de Princeton, traducida por Ahmed Alí; el segundo es de la traducción de Mayid Fajry, publicada por la Universidad de Nueva York:

Los hombres son el sostén de las mujeres *[qawwamuna 'ala annisa]*, ya que Dios da a unos más recursos que a otros, porque gastan su riqueza (para proveerlas) […]. En cuanto a las mujeres cuya animadversión temáis, habladles de manera persuasiva; después dejadlas solas en el lecho (sin molestarlas) e id al lecho con ellas (cuando estén dispuestas).

Los hombres están a cargo de las mujeres, porque Alá ha hecho a algunos superiores a otros, y porque gastan parte de su riqueza […]. Y en cuanto a aquellas [mujeres] que temáis que puedan rebelarse, amonestadlas y abandonadlas en su lecho y pegadles *[adribuhunna]*.

Debido a la variabilidad de la lengua árabe, estas dos traducciones son correctas desde el punto de vista gramatical, sintáctico y definicional. La expresión *qawwamuna ʿala an-nisa* puede entenderse como «vigilar», «proteger», «apoyar», «atender», «cuidar de» o «estar a cargo de» las mujeres. La última palabra del versículo, *adribuhunna*, que Fajry ha vertido como «pegadles», puede igualmente significar «apartaos de ellas», «llevaos bien con ellas» y, llamativamente, incluso «mantener relaciones sexuales con ellas de común acuerdo». La definición que se decida aceptar y seguir depende de lo que se intente extraer del texto: si se ve el Corán como un texto que da poder a las mujeres, se elegirá la de Alí; si se pretende que el Corán justifique la violencia contra las mujeres, se escogerá la de Fajry.

A lo largo de la historia islámica, unas cuantas mujeres han luchado por preservar su autoridad como conservadoras de los *hadices* e intérpretes del Corán. Karima Bint Ahmad (m. 1069) y Fátima Bint Alí (m. 1087), por ejemplo, son consideradas dos de las transmisoras más importantes de las tradiciones del Profeta, en tanto que Zaynab Bint Al Shari (m. 1220) y Daqiqa Bint Murshid (m.1345), ambas eruditas textuales, ocuparon un lugar preeminente entre los primeros estudiosos islámicos. Y no puede olvidarse el hecho de que casi una sexta parte de todos los *hadices* «fiables» tienen su origen en Aisha, la esposa de Mahoma.

Sin embargo, estas mujeres, pese a su celebridad, no estaban a la altura de la indisputable autoridad de compañeros iniciales como Umar, el joven y audaz miembro de la élite coraichita, cuya conversión al islam fue siempre especial fuente de orgullo para Mahoma. El Profeta siempre lo había admirado, no solo por sus proezas físicas como guerrero, sino también por su impecable virtud moral y el celo con que abordaba su devoción a Dios. En muchos sentidos Umar era un hombre devoto sencillo y digno. Pero también tenía un genio muy vivo y era propenso a la ira y la violencia, sobre todo hacia las mujeres. Tan infame era por su misoginia que, cuando pidió la mano de la hermana de Aisha, fue rechazado sin contemplaciones debido a su brutal comportamiento con las mujeres.

Las tendencias misóginas de Umar se pusieron de manifiesto desde el momento mismo en que ascendió a la jefatura de la comunidad musulmana. Intentó (en vano) confinar a las mujeres en sus casas y quiso impedir que rindieran culto en la mezquita. Instituyó horarios de oración segregados y, en violación directa del ejemplo del Profeta, obligó a las mujeres a ser aleccionadas por líderes religiosos varones. Increíblemente, prohibió a las viudas de Mahoma realizar los ritos de peregrinación e instituyó una serie de severas ordenanzas penales, dirigidas sobre todo contra las mujeres. La principal de estas fue la muerte por lapidación de las adúlteras, castigo que no tiene fundamento alguno en el Corán, pero que Umar justificó aduciendo que originalmente esa sanción había formado parte de la Revelación y por alguna razón se había omitido en el texto autorizado. Por supuesto, Umar nunca explicó cómo era posible que un versículo como este se hubiera omitido «por azar» en la Revelación divina de Dios, pero el hecho es que no tenía por qué explicarlo. Le bastaba con hablar con la autoridad del Profeta.

No hay duda de que el Corán, como todas las escrituras sagradas, estaba profundamente influido por las normas culturales de la sociedad en la que fue revelado, una sociedad que, como hemos visto, no consideraba a las mujeres miembros iguales de la tribu. Como consecuencia, hay en el Corán numerosos versículos que, junto con las escrituras judías y cristianas, reflejan claramente la posición subordinada de las mujeres en las sociedades del mundo antiguo, dominadas por los hombres. Pero ese es precisamente el argumento del pujante movimiento feminista musulmán a lo largo del último siglo. Estas mujeres sostienen que el mensaje religioso del Corán —un revolucionario mensaje de igualitarismo social— debe separarse de los prejuicios culturales de la Arabia del siglo VII. Y por primera vez en la historia cuentan con la audiencia internacional necesaria para incorporar sus opiniones al mundo dominado por los hombres de la exégesis coránica.

Hoy día, a lo largo y ancho del mundo musulmán, una nueva generación de estudiosas textuales aborda el Corán desde una perspectiva ostensiblemente ausente en los estudios islámicos anteriores. Partiendo de la idea de que no son las enseñanzas morales del islam sino las condiciones sociales de la Arabia del siglo VII y la extrema misoginia de los exégetas coránicos la causa de su rango inferior en la sociedad musulmana, estas mujeres abordan el Corán exentas de las limitaciones impuestas por las tradicionales fronteras del género. Las feministas musulmanas de todo el mundo trabajan por una interpretación del Corán más neutral en cuanto al género y una aplicación más equilibrada de la ley islámica, a la vez que luchan por introducir sus puntos de vista políticos y religiosos en las sociedades conservadoras y machistas en las que viven. La primera traducción al inglés del Corán realizada por una mujer, Laleh Bakhtiar, se publicó en 2009. Las feministas musulmanas no perciben su causa como un simple movimiento de reforma social; la consideran una obligación religiosa. Como declaró orgullosamente Shirin Ebadi al aceptar el Premio Nobel de la Paz en 2003 por su incansable labor en defensa de los derechos de la mujer en Irán, «Dios nos creó a todos iguales [...]. Luchando por la igualdad hacemos lo que Dios quiere que hagamos».

El movimiento feminista musulmán se basa en la idea de que los hombres musulmanes, no el islam, son los responsables de la supresión de los derechos de la mujer. Por esta razón, las feministas musulmanas de todo el mundo abogan por un retorno a la sociedad que Mahoma concibió originalmente para sus seguidores. A pesar de las diferencias de cultura, nacionalidad y creencias, estas mujeres consideran que la lección que debe extraerse de Mahoma en Medina es que el islam es, por encima de todas las cosas, una religión igualitaria. Su Medina es una sociedad en la que Mahoma nombró guías espirituales de la *umma* a mujeres como Umm Uaraqa; en la que el propio Profeta fue a veces reprendido en público por sus esposas; en la que las mujeres rezaban y luchaban al lado de los hombres; en la que las mujeres como Aisha y Umm Salamá actuaron no solo como líderes religiosas, sino también como caudillos políticos; y en la que la llamada a reunirse para la oración, anunciada desde la azotea de la casa de Mahoma, llevaba a hombres y mujeres a arrodillarse juntos y recibir la bendición como una única comunidad indivisa.

9

El futuro del islam

En el bullicioso centro de la ciudad de El Cairo se encuentra la famosa Universidad de Al Azhar. Durante más de un milenio esta colosal mezquita y seminario ha sido el núcleo de la erudición islámica suní. En el mundo musulmán es lo más parecido a un Vaticano. Entre sus sagrados muros, generaciones de estudiosos de las escrituras (los ulema) se han esforzado en construir un exhaustivo código de conducta, la *sharía*, cuyo objetivo es regular todos los aspectos de la vida del creyente. Hubo un tiempo en que los musulmanes de todo el mundo consultaban a los respetados estudiosos de Al Azhar acerca de cualquier cosa, desde cómo rezar debidamente hasta cómo deshacerse debidamente de las uñas una vez cortadas. Eso ya no es así.

Hoy día, si un musulmán desea asesoría sobre cómo vivir correctamente su vida, es más probable que prescinda de la anticuada erudición de Al Azhar y recurra a los programas televisados del popularísimo teleevangelista musulmán Amr Jaled. Amr Jaled no es un erudito ni un clérigo. Nunca ha estudiado en Al Azhar. De hecho, nunca ha estudiado la ley islámica desde un punto de vista oficial. Sin embargo, por medio de este programa televisivo semanal y su popular página web amrkhaled.net, donde ofrece consejos sobre asuntos religiosos y jurídicos a centenares de millones de musulmanes desde Yakarta hasta Detroit, Amr Jaled ha asumido el papel reservado tradicionalmente a la clase clerical del islam como intérprete único del significado y el mensaje de la fe musulmana.

En el transcurso del pasado siglo, el espectacular aumento en los niveles de alfabetización y educación ha dado a los musulmanes un acceso sin precedentes a nuevas ideas y fuentes de conocimiento; a la vez, la creciente marea de la globalización y la invención de Internet han hecho del mundo un lugar mucho más pequeño y accesible. El resultado de todo esto ha sido una continua erosión de la autoridad religiosa de las instituciones clericales tradicionales del islam, a medida que cada vez más musulmanes se atribuyen la autoridad —papel reservado tradicionalmente a la clase clerical del islam— de interpretar el significado y el mensaje de su fe.

Tres importantes circunstancias presentes en el mundo musulmán han acelerado aún más este fenómeno. La primera es el ritmo sin precedentes al que se ha traducido el Corán durante el último medio siglo. Desde finales del siglo VII e.c., cuando se reunieron y fijaron sus versículos, el Corán permaneció inmovilizado en su árabe original, porque las instituciones clericales del islam insistían en que una traducción de las Sagradas Escrituras a otro idioma violaría la naturaleza divina del texto. A día de hoy, las versiones no árabes del Corán se consideran interpretaciones del Corán, no el propio Corán. Esto significa que durante la mayor parte de los últimos catorce siglos, un noventa por ciento de los musulmanes del mundo para quienes el árabe no es su lengua materna ha dependido de sus líderes clericales para definir el significado y el mensaje del Corán. Como cabe imaginar, tan incontestable control sobre las escrituras ha tenido un efecto especialmente negativo para las mujeres musulmanas, quienes históricamente se han visto aún más apartadas de un texto cuyos únicos intérpretes eran, con dos o tres notables excepciones, estrictamente hombres.

Pero todo eso está cambiando. En los últimos cincuenta años el Corán ha sido traducido a más lenguas que en los catorce siglos anteriores. Un gran número de laicos musulmanes, y en especial mujeres, dejan cada vez más de lado siglos de interpretación clerical tradicionalista, machista y a menudo misógina en favor de una lectura del Corán individualizada y neutra en cuanto a género. Por todo el mundo, los musulmanes se despojan de siglos de interpretación clerical acumulada en favor de un regreso a los textos fundacionales originales del islam.

La segunda circunstancia es la rápida afluencia de inmigrantes musulmanes a Europa y América del Norte. Nuevas generaciones de conversos occidentalizados y lo que a veces se ha dado en llamar «musulmanes de nuevo velo» (musulmanes no practicantes que han vuelto a su fe y sus tradiciones después de los atentados del 11 de septiembre de 2001) están cambiando la apariencia del islam a nivel mundial y, de hecho, desarrollando una forma totalmente nueva de islam, inmersa en el racionalismo, el pluralismo y, sobre todo, el individualismo.

La tercera circunstancia, y quizá la más importante, es naturalmente la invención de Internet, que ha permitido a los musulmanes inspirarse en las opiniones de sus propios líderes clericales y de numerosos activistas académicos, e incluso de líderes laicos musulmanes, que proponen interpretaciones frescas e innovadoras del islam, algunas con mensajes de paz, otras con mensajes de violencia.

Todas estas circunstancias están teniendo un profundo y duradero efecto en cómo ven y comprenden los musulmanes su religión. Y aunque quizá sea aún demasiado pronto para decir cómo modificarán el islam estas circunstancias, no es difícil saber quién ganará en último extremo la batalla entre la reforma y la contrarreforma, entre la paz y la violencia, entre el pluralismo y la intolerancia. Cuando hace catorce siglos el profeta Mahoma puso en marcha una revolución en La Meca para sustituir las restricciones arcaicas, rígidas e inicuas de la sociedad tribal por una visión radicalmente nueva de la moralidad divina y el igualitarismo social, desgarró el tejido de la sociedad árabe tradicional. Se requirieron muchos años de violencia y devastación para depurar el Hiyaz de sus «falsos ídolos». Se requerirán muchos más para depurar el islam de sus nuevos falsos ídolos —la intransigencia y el fanatismo—, venerados por aquellos que han reemplazado la original visión de tolerancia y unidad de Mahoma por sus propios ideales de odio y discordia. Pero si bien puede que la depuración sea inevitable, corresponde a los propios musulmanes, en especial a los musulmanes jóvenes, defender su fe de la ignorancia y el odio de los demás, y contribuir así a escribir el siguiente capítulo de la historia del islam, una historia que empezó hace catorce siglos, a finales del siglo VI e.c., en la ciudad santa de La Meca, la tierra que vio nacer a Muhammad Ibn Abdalá Ibn Abd Al Muttalib, Mahoma: el Profeta y el Mensajero de Dios. Que la paz y la dicha estén con él.

Cronología de los hechos principales

570 Nacimiento del profeta Mahoma

610 Mahoma recibe la primera Revelación en el monte Hira

622 Emigración musulmana (Hégira) a Yazrib (más tarde llamada Medina)

624 Batalla de Badr contra La Meca y los coraichitas

625 Batalla de Uhud

627 Batalla de la Trinchera

628 Tratado de Hudaybiya entre Medina y La Meca

630 Victoria de Mahoma ante los coraichitas y ocupación musulmana de La Meca

632 Muerte de Mahoma

632-634 Califato de Abu Bakr

634-644 Califato de Umar Ibn al Jattab

644-656 Califato de Uzmán Ibn Affan

656-661	Califato de Alí Ibn Abi Talib, considerado el primer imán chií
680	Husain Ibn Alí, nieto del Profeta, muerto en Karbala
661-750	Dinastía omeya
750-850	Dinastía abasí
756	El último príncipe omeya, Abderramán, establece un califato rival en España
874	La ocultación del duodécimo imán, o el *Mahdi*
934-1062	La dinastía búyida reina en la parte oeste de Irán, Iraq y Mesopotamia
969-1171	La dinastía fatimí reina en el norte de África, Egipto y Siria
977-1186	La dinastía gaznaví reina en Jurasán, Afganistán y el norte de la India
1095	El papa Urbano II inicia las Cruzadas cristianas
1250-1517	La dinastía de los mamelucos reina en Egipto y Siria
1281-1924	Imperio otomano
1501-1725	La dinastía safávida reina en Irán
1526-1858	La dinastía mogol reina en la India
1857	Revuelta india contra los británicos
1924	Creación de la república turca secular y fin del califato otomano
1925	Inicio de la dinastía pahlaví en Irán

1928   Hasán Al Banna funda la Sociedad de los
Hermanos Musulmanes en Egipto

1932   Se establece el reino de Arabia Saudí

1947   Se funda Pakistán como primer Estado islámico

1948   Se funda el Estado de Israel

1952   Revuelta de los Oficiales Libres en Egipto,
encabezada por Gamal Abdel Nasser

1979   Revolución iraní

1990-91   Guerra del Golfo; se forma Al Qaeda

2001   Atentados de Al Qaeda en Nueva York y
Washington

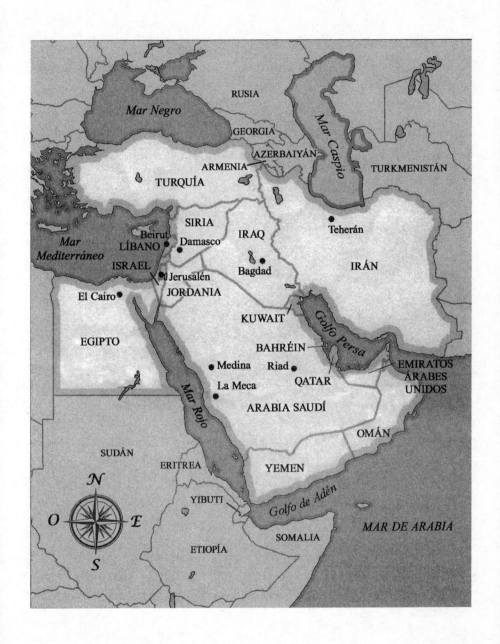

Glosario de los principales
términos islámicos

ahadiyá	Significa «uno en sí», el ideal sufí de la Unidad Divina
ahl al bayt	La familia del profeta Mahoma
ahl al Kitab	«Gentes del Libro»; referido normalmente a los judíos y cristianos (véase *dimmi*)
ahl/qaum	Un pueblo o tribu
Al Qaeda	Organización wahabí encabezada por Osama Bin Laden
alfaquí	Entre los musulmanes, doctor o sabio de la ley
alquibla	Punto del horizonte hacia donde los musulmanes dirigen la vista cuando rezan
Ansar	Los Ayudantes; miembros de los clanes de Medina que se convirtieron al islam
asbab al nuzul	Las ocasiones en las que un determinado versículo se reveló a Mahoma, o las causas de ello

Ashari	Escuela tradicionalista de teología islámica
Ashura	Décimo día del mes islámico de *muharram* y el punto culminante de las ceremonias de duelo chiíes
Aus	Junto con los Jasraj, uno de los dos principales clanes árabes de Medina
ayá	Versículo del Corán
ayatolá	Significa «signo de Dios»; el rango más elevado al que puede llegar un clérigo chií, aparte del de alamá
baraka	Fuerza espiritual
Basmalá	Invocación que da inicio a la mayoría de los capítulos *(suras)* del Corán
batin	El mensaje oculto implícito del Corán
bayá	El juramento de lealtad hecho comúnmente por la tribu a su jeque
bayt/banu	«Casa/hijos», en el sentido de clan
bida	Innovación religiosa
califa	Sucesor de Mahoma y caudillo secular de la comunidad musulmana
chiíes	La secta más numerosa del islam, fundada por los seguidores de Alí
compañeros	La primera generación de musulmanes, aquellos que acompañaron a Mahoma en la Hégira de La Meca a Yazrib (Medina); también llamados Muhayirún

coraichitas	Tribu gobernante en La Meca en la Arabia preislámica
derviche	Significa «mendigo», termino común para referirse a los sufíes
dikr	Significa «recuerdo», el principal ritual del sufismo
dimmi	Judíos, cristianos y otros no musulmanes considerados «gentes del Libro» y protegidos por la ley islámica
dua	Oración informal
emir	Gobernador de una provincia musulmana
erfan	Conocimiento místico
fana	Aniquilación del yo que se produce cuando un sufí alcanza un estado de ilustración espiritual
faqih	Jurista musulmán
faquir	Véase *derviche*
fetua	Declaración legal hecha por un jurista musulmán cualificado
fikr	Contemplación mística empleada por ciertas órdenes sufíes
fiqh	El estudio de la jurisprudencia islámica
fitná	Guerra civil musulmana
hadices	Relatos y anécdotas del Profeta y sus primeros compañeros
Haj	Peregrinación a La Meca

hakam	Árbitro que solucionaba disputas tanto entre las tribus en la Arabia preislámica como en el seno de las propias tribus
hanif	Monoteísta árabe preislámico
hashim/ *hachemí*	El nombre del clan al que pertenecía Mahoma
Hégira	Emigración de La Meca a Yazrib (Medina) en el año 622 e.c.; año 1 d.H. (después de la Hégira) en el calendario islámico
henoteísmo	Fe en un solo «Dios Supremo», sin el rechazo explícito de los otros dioses menores
Hermanos Musulmanes	Organización socialista islámica fundada por Hasán al Bana en Egipto en 1928
hiyab	Práctica musulmana que impone el velo y la reclusión a las mujeres
Hiyaz	La región occidental de Arabia
Iblis	El Diablo (corrupción del término latino *diabolus*); Satán
ijuán	Los «guerreros santos» wahabíes que ayudaron a los saudíes a capturar Arabia
imán	Entre los chiíes, el jefe de la comunidad, dotado de inspiración divina
islamismo	Un movimiento islámico cuyo principal objetivo es establecer un sistema de gobierno islámico
isnad	Cadena de transmisión destinada a validar los *hadices* individuales

iyma	Tradicionalmente, el consenso de los ulema sobre una cuestión jurídica concreta no abarcada por el Corán ni por los hadices
iytihad	Dictamen jurídico independiente de un experto en leyes cualificado, o muytahid
jariyíes	Secta radical que se escindió de los chiíes durante el califato de Alí
Jasraj	Junto con los Aus, uno de los dos principales clanes paganos de Medina, y el primero que aceptó el mensaje de Mahoma
jedives	Virreyes de Egipto bajo el protectorado del Imperio británico
jeque	El jefe de la tribu o el clan; también llamado *sayyid* o *shayj*
Kaaba	Antiguo santuario de La Meca que albergaba las deidades tribales del Hiyaz antes de ser purificado por Mahoma y consagrado a Alá
kafir	No creyente
kahin	Adivino o poeta en éxtasis en la Arabia preislámica que recibía inspiraciones de los *yinn*
kalam	Teología islámica
madraza	Escuela religiosa islámica
Mahdí	El «Imán Oculto», que permanecerá escondido hasta los Últimos Días, cuando regresará para guiarnos a un tiempo de justicia

matam	Rituales de autoflagelación para llorar el martirio de Husain
muruwa	Código de conducta tribal preislámico
mutazilismo	Escuela de teología islámica racionalista
muyahidín	Combatientes musulmanes; literalmente, «aquellos que libran la *yihad*»
muytahid	Jurista musulmán digno de imitación y cualificado para emitir dictámenes jurídicos autorizados
nabí	Profeta
nafs	Significa «aliento», el yo o ego según el sufismo
nasj	Abrogación de un versículo del Corán por otro
Nechd	Las regiones desérticas de Arabia oriental
panarabismo	Principio de unidad racial entre toda la población árabe del mundo
panislamismo	Principio de unidad religiosa entre toda la población musulmana del mundo
pir	Maestro sufí (también conocido como jeque o amigo de Alá)
qaíd	Caudillo militar tribal preislámico
qalb	El «corazón», que corresponde al alma en el sufismo
quiyás	Razonamiento por analogía utilizado como fuente en la elaboración de la ley islámica

qurrá	Los lectores del Corán que primero memorizaron, consignaron y difundieron la Revelación
qutb	El «polo cósmico» en torno al que gira el universo
Rashidún	Los cuatro primeros califas «Bien Guiados»: Abu Bakr, Umar, Uzmán y Alí
rasul	Mensajero
ruh	Espíritu Universal; el aliento de Dios
salafismo	Movimiento reformista musulmán iniciado en Egipto por Muhamad Abdu ad Din al Afgani
salat	Oración ritual pronunciada cinco veces al día: al amanecer, al mediodía, a media tarde, al ponerse el solo y por la noche
shahadá	Profesión de fe musulmana: «No hay dios, sino Dios, y Mahoma es el Mensajero de Dios»
sharía	Ley islámica cuyas fuentes principales son el Corán y los hadices
shirk	Enturbiar de algún modo el carácter de Uno en Sí o la Unidad de Dios
shura	Una asamblea consultiva de patriarcas tribales que elegían al jeque en la Arabia preislámica
sufismo	Nombre dado a las tradiciones místicas en el islam
suníes	Principal rama «ortodoxa» del islam
sunna	Conjunto de tradiciones del Profeta constituido por los hadices

sura	Un capítulo del Corán
tabiun	La segunda generación de musulmanes después de los compañeros
tafsir	Exégesis tradicional coránica
tahanuz	Retiro religioso preislámico
tanzil	Revelación directa hecha a Mahoma por Dios
taqiyya	Disimulo cautelar practicado por los chiíes
taqlid	Aceptación incondicional de un precedente jurídico
tariqá	Camino espiritual o Vía de los Sufíes
tasaunuf	Estado de ser sufí
tauaf	Las siete circumambulaciones en torno a la Kaaba
tauhid	Significa «hacer uno» y se refiere a la Unidad de Dios
tauil	Exégesis textual del Corán que se centra en el significado oculto y esotérico del texto
tayuid	Ciencia de la recitación coránica
taziyé	Representación pública donde se escenifica el martirio de Husain en Kerbala
topos	Tópico literario
Uilayat del Faqih	«La tutela del jurista»; ideología religioso-política fundada por el ayatolá Jomeini
ulema	La alta jerarquía clerical en el islam

Umm al Kitab	«La Madre de los Libros», fuente celestial de todas las escrituras reveladas
umma	Nombre dado a la comunidad musulmana en Medina
umra	Peregrinación menor a La Meca
valí	Ejecutor del mensaje divino de Dios
wahabíes	Secta puritana del islam fundada por Mohammad Abdel Wahab en Arabia
Yahiliya	«Edad de la Ignorancia» anterior al advenimiento del islam
yihad	Una lucha o pugna
yinn	Espíritus salvables e imperceptibles, conocidos en Occidente como «genios»
yizia	Impuesto a cambio de protección pagado por los *dimmi*
zahir	El mensaje explícito del Corán
zakat	Limosnas obligatorias entregadas a la comunidad musulmana y repartidas entre los pobres
zakir	Especialista religioso chií que recita relatos de los mártires durante las ceremonias del Muharram
Zamzam	Pozo situado cerca de la Kaaba

Obras consultadas

Libros

Abbott, Nabia, *Studies in Arabic Literary Papyri,* Chicago, 1957-1972.

Abd al-Rahman al-Bazzaz, *Islam and Nationalism,* Bagdad, 1952.

Abedi, Mehdi, y Gary Legenhausen, eds., *Jihad and Shahadat.* Houston, 1986.

Abrahamian, Ervand, *Khomeinism: Essays on the Islamic Republic,* Berkeley, 1993.

Abrahamov, Binyamin, *Islamic Theology: Traditionalism and Rationalism,* Edimburgo, 1998.

Adams, Charles C., *Islam and Modernism in Egypt,* Londres, 1933.

Ahmad, Barakat, *Muhammad and the Jews: A Re-Examination.* Nueva Delhi, 1979.

Ahmad, Jalal-e, *Gharbzadeghi,* California, 1997.

Ahmed, Leila, *Women and Gender in Islam,* New Haven, 1992.

al-Banna, Hasan, *Memoirs of Hasan al-Banna Shaheed,* Karachi, 1981.

Algar, Hamid, *Wahhabism: A Critical Essay,* Nueva York, 2002.

al-Ghazali, *The Alchemy of Happiness,* Londres, 1980. [Hay versión en español: *La alquimia de la felicidad,* trad. de Jaime Lorenzo, Editorial Sufi, Madrid, 2001.]

— *The Foundations of the Articles of Faith,* Lahore, 1963.

— *The Niche of Lights,* Utah, 1998. [Hay versión en español: *Velos de luz y sombras,* trad. de Carmen Liaño, Editorial Sufi, Madrid, 2000.]

— *The Ninety-nine Beautiful Names of God,* Nigeria, 1970.

al-Rasheed, Madawi, *A History of Saudi Arabia,* Cambridge, 2003. [Hay versión en español: *Historia de Arabia Saudí,* trad. de María Cóndor, Cambridge University Press, Madrid, 2003.]

al-Shaibi, Kamil M., *Sufism and Shi'ism,* Gran Bretaña, 1991.

al-Tabari, Abu Ja'far Muhammad, *The History of al-Tabari,* eds. Ihsan Abbas y otros, Nueva York, 1988.

Amin, Osman, *Muhammad 'Abduh,* Washington, D. C., 1953.

Andrae, Tor, *Mohammed: The Man and His Faith,* Nueva York, 1960. [Hay versión en español: *Mahoma,* trad. de José Gaos, Alianza, Madrid, 1994.]

Angha, Molana Salaheddin Ali Nader Shah, *The Fragrance of Sufism,* Lanham, 1996.

Angha, Nahid, *Ecstasy,* California, 1998.

— *Selections,* California, 1991.

An-Na'im, Abdullahi, *Toward an Islamic Reformation,* Siracusa, 1990.

Arjomand, Said Amir, *The Turban for the Crown,* Nueva York, 1988.

Armstrong, Karen, *Muhammad,* San Francisco, 1992. [Hay versión en español: *Mahoma: biografía del profeta,* trad. de Victoria Ordóñez, Tusquets, Barcelona.]

Asani, Ali, y Kamal Abdel-Malek, *Celebrating Muhammad,* Carolina del Sur, 1995.

Ash-Shabrawi, Abd al-Khaliq, *The Degrees of the Soul,* Londres, 1997.

Attar, Farid ad-Din, *The Conference of the Birds,* Nueva York, 1984. [Hay versión en español: *El coloquio de los pájaros,* trad. de Manuel Aguiar, Editorial Sufi, Madrid, 2003.]

Averroes (Ibn Rushd), *Comentario a la metafísica de Aristóteles.* En: *Antología,* ed. Miguel Cruz Hernández, Fundación El Monte, Sevilla.

—*Epístola sobre la conexión del intelecto agente con el hombre.* En: *ibíd.*

—*Tres comentarios breves sobre la «Tópica», la «Retórica» y la «Poética».* En: *ibíd.*

Avicena (Ibn Sina), *La vida de Avicena.* [Para una biografía en español, véase *La vida de Avicena,* Miguel Cruz Hernández, Globalia Ediciones Anthema, Llucmajor, 1998.]

—*Tratado de lógica.*

Badawi, M. A. Zaki, *The Reformers of Egypt,* Londres, 1979.

Baldick, Julian, *Mystical Islam,* Nueva York, 1989.

Ball, Charles, *The History of the Indian Mutiny,* Londres, 1860.

Bamyeh, Mohammed A., *The Social Origins of Islam,* Mineápolis, 1999.

Baqer, Moin, *Khomeini: Life of the Ayatollah,* Nueva York, 1999.

Barks, Colman, *The Essential Rumi,* San Francisco, 1995.

Baron, Salo Wittmayer, *A Social and Religious History of the Jews* (3 vols.), Nueva York, 1964.

Bell, Richard, *The Origin of Islam in Its Christian Environment,* Londres, 1968.

Bergen, Peter L., *Holy War, Inc.: Inside the Secret World of Osama bin Laden,* Nueva York, 2001. [Hay versión en español: *Guerra Santa, S.A.: la red terrorista de Osama Bin Laden,* trad. de J. J. Pérez Rodríguez, Debolsillo, Barcelona, 2002.]

Berkey, Jonathan P., *The Formation of Islam,* Cambridge, 2003.

Black, Anthony, *The History of Islamic Political Thought,* Nueva York, 2001.

Boyce, Mary, *History of Zoroastrianism* (3 vols.), Leiden, 1996.

—*Zoroastrians, Their Religious Beliefs and Practices,* Nueva York, 2001.

Bulliet, Richard, *The Camel and the Wheel,* Cambridge, 1975.

—*Islam: The View from the Edge,* Nueva York, 1994.

Burckhardt, Titus, *An Introduction to Sufi Doctrine,* Wellingsborough, 1976.

Chelowski, Peter, *Ta'ziyeh: Ritual and Drama in Iran,* Nueva York, 1979.

Cole, Juan R. I., *Colonialism and Revolution in the Middle East,* Princeton, 1993.

Cooper, John, y otros, eds., *Islam and Modernity,* Londres, 1998.

Cooperson, Michael, *Classical Arabic Biography,* Cambridge, 2000.

Cox, Harvey, *The Secular City,* Nueva York, 1966. [Hay versión en español: *La ciudad secular,* trad. de José Luis Lana, Edicions 62, Barcelona, 1973.]

Cragg, Kenneth, *The Event of the Qur'an,* Oxford, 1971.

—*Readings in the Qur'an,* Londres, 1988.

—*God's Rule: Government and Islam,* Nueva York, 2004.

Crone, Patricia, *Meccan Trade and the Rise of Islam,* Nueva Jersey, 1987.

—y M. A. Cook, *Hagarism: The Making of the Islamic World,* Cambridge, 1977.

—y Martin Hinds, *God's Caliph: Religious Authority in the First Centuries of Islam,* Cambridge, 1986.

Dajani-Shakeel, Hadia, y Ronald A. Messier, eds., *The Jihad and Its Times,* Ann Arbor, 1991.

De Bruijn, J. T. P., *Persian Sufi Poetry,* Surrey, 1997,

De Tocqueville, Alexis, *Democracy in America,* Nueva York, 1969. [Hay versión en español: *La democracia en América,* trad. de Dolores Sánchez de Aleu, Alianza, Madrid.]

Donohue, John J., y John L. Esposito, eds., *Islam in Transition,* Nueva York, 1982.

Doran, Michael, *Pan-Arabism Before Nasser,* Oxford, 1999.

Eliade, Mircea, *The Myth of the Eternal Return,* Princeton, 1954. [Hay version en español: *El mito del eterno retorno: arquetipos y repetición,* trad. de Ricardo Anaya Dorado, Alianza, Madrid, 1994.]

— *The Sacred and the Profane,* San Diego, 1959. [Hay versión en español: *Lo sagrado y lo profano,* trad. de R. A. Díez Aragón y L. Gil Fernández, Paidós, Barcelona, 1998.]

Embree, Ainslee, *1857 in India.* Boston, 1963.

Ernst, Carl, *Eternal Garden: Mysticism, History, and Politics at a South Asian Sufi Center,* Nueva York, 1992.

— *Teachings of Sufism,* Boston, 1999. [Hay versión en español: *Sufismo: una introducción esencial a la filosofía y la práctica de la tradición mística del islam,* trad. de Joan Carles Guix, Oniro, Barcelona, 1999.]

Esposito, John L., y John O. Voll, *Makers of Contemporary Islam,* Nueva York, 2001.

Gabrieli, Francesco, *Muhammad and the Conquests of Islam,* Nueva York, 1968.

Gatje, Helmut, *The Qur'an and Its Exegesis,* Berkeley, 1976.

Gelpke, R., *Layla and Majnun,* Londres, 1966.

Gibb, H. A. R., *Mohammedanism,* Londres, 1970.

Goiten, S. D., *Jews and Arabs,* Nueva York, 1970.

Goldziher, Ignaz, *Introduction to Islamic Theology and Law,* Princeton, 1981.

— *Muslim Studies* (2 vols.), Albany, 1977.

Graetz, Heinrich, *History of the Jews* (3 vols.), Filadelfia, 1894.

Griffiths, C. G., *Siege of Delhi,* Londres, 1912.

Haeri, Shaykh Fadhlalla, *The Elements of Sufism,* Gran Bretaña, 1990. [Hay versión en español: *El sufismo: su origen y significado,* trad. de Guadalupe Rubio, Edaf, Madrid, 1992.]

Haim, Sylvia G., ed., *Arab Nationalism,* Berkeley, 1962.

Halm, Heinz, *Shi'a Islam: From Religion to Revolution,* Princeton, 1997.

Helminski, Camille Adams, *Women of Sufism,* Boston, 2003.

Herberg, Will, *Protestant, Catholic, Jew,* Nueva York, 1955.

Hodgson, Marshall G. S., *The Venture of Islam,* Chicago, 1974.

Hourani, George, *Islamic Rationalism,* Oxford, 1971.

Hoyland, Robert G, *Arabia and the Arabs,* Nueva York, 2001.

Hurvitz, Nimrod, *The Formation of Hanbalism: Piety into Power,* Londres, 2002.

Ibn Batuta, *The Travels of Ibn Batuta,* Cambridge, 1958. [Hay versión en español: *A través del Islam,* trad. de Serafín Fanjul, Alianza, Madrid, 2002.]

Ibn Hisham, *The Life of Muhammad,* Oxford, 1955.

Israel, Milton, y N. K. Wagle, eds., *Islamic Societies and Culture: Essays in Honor of Professor Aziz Ahmad,* Nueva Delhi, 1983.

Jafri, S. Husain M., *Origins and Early Development of Shi'a Islam,* Londres, 1978.

Jomeini, Rohallah, *A Clarification of Questions,* Boulder, 1984.

— *Islam and Revolution,* Berkeley, 1981.

— *Islamic Government,* Nueva York, 1979.

Juynboll, G. H. A., ed., *Studies on the First Century of Islamic Studies,* Carbondale and Edwardsville, Illinois, 1982.

Keddie, Nikki R., *Sayyid Jamal al-Din «al-Afghani»: A Political Biography,* Berkeley, 1972.

Kelsay, John, *Islam and War,* Kentucky, 1993.

Kepel, Gilles, *Jihad: The Trail of Political Islam,* Cambridge, 2002. [Hay versión en español: *La Yihad: expansion y declive del islamismo,* trad. de Marga Latorre, Península, Barcelona, 2001.]

— *The War for Muslim Minds: Islam and the West,* Cambridge, 2004.

Kerr, Malcolm H., *Islamic Reform: The Political and Legal Theories of Muhammad 'Abduh and Rashid Rida,* Berkeley, 1966.

Khan, Inayat, *The Unity of Religious Ideals,* Londres, 1929.

Khan, Sayyid Ahmed, *The Causes of the Indian Revolt,* Benarés, 1873.

Kochler, Hans, *The Concept of Monotheism in Islam and Christianity*, Austria, 1982.

Lammens, Henri, *Islam: Beliefs and Institutions*, Londres, 1968.

Lecker, Michael, *Muslims, Jews, and Pagans: Studies on Early Islamic Medina*, Leiden, 1995.

Lings, Martin, *What Is Sufism?*, Cambridge, 1993. [Hay versión en español: *¿Qué es el sufismo?*, trad. de Esteve Serra, Olañeta Editor, Palma de Mallorca, 2006.]

Mackey, Sandra, *The Iranians*, Nueva York, 1996.

Madelung, Wilfred, *Religious Schools and Sects in Medieval Islam*, Londres, 1985.

— *The Succession to Muhammad*, Cambridge, 1997.

Margoliouth, D. S., *The Relations Between Arabs and Israelites Prior to the Rise of Islam*, Londres, 1924.

Martin, Richard, *Approaches to Islam in Religious Studies*, Oxford, 2001.

Martin, Richard, y otros, *Defenders of Reason in Islam*, Oxford, 1997.

Massignon, Louis, *Essay on the Origins of the Technical Language of Islamic Mysticism*, Bloomington, Ind., 1997.

Mawdudi, Abu-l Ala (Mawlana), *Nationalism and India*, Lahore, 1947.

— *The Islamic Movement*, Londres, 1984.

McCarthy, Richard, *The Theology of the Ash'ari*, Beirut, 1953.

Mehr, Farhang, *The Zoroastrian Tradition*, Amherst, Massachusetts, 1991.

Menocal, Maria Rosa, *Ornament of the World*, Nueva York, 2002. [Hay versión en español: *La joya del mundo*, trad. de Carolina Sanín Paz, Plaza & Janés, Barcelona, 2003.]

Mernissi, Fatima, *The Veil and the Male Elite*, Cambridge, 1991.

Metcalf, Thomas, *The Aftermath of Revolt*, Princeton, 1964.

Mitchell, Richard P., *Society of the Muslim Brothers*, Nueva York, 1969.

Momen, Moojan, *An Introduction to Shi'i Islam,* New Haven, 1985.

Mottahadeh, Roy, *The Mantle of the Prophet,* Nueva York, 1985.

Naquvi, M. A., *The Tragedy of Karbala,* Princeton, 1992.

Nasr, Seyyed Hossein, *Islamic Art and Spirituality,* Nueva York, 1987.

— *Sufi Essays,* Londres, 1972. [Hay versión en español: *Sufismo vivo,* trad. de Francesca Blanch, Herder, Barcelona, 1985.]

Netton, Ian Richard, *Sufi Ritual,* Surrey, 2000.

Newby, Gordon Darnell, *A History of the Jews of Arabia,* Carolina del Sur, 1988.

Nicholson, R. A., *The Mystics of Islam,* Londres, 1914. [Hay versión en español: *Los místicos del islam,* trad. de Esteve Serra, Olañeta Editor, Palma de Mallorca, 2008.]

— *Studies in Islamic Mysticism,* Cambridge, 1921.

Nicholson, Reynolds, *Rumi: Poet and Mystic,* Londres, 1978.

Nurbakhsh, Javad, *Master and Disciple in Sufism,* Teherán, 1977.

Peters, F. E., *Mecca: A Literary History of the Muslim Holy Land,* Nueva Jersey, 1994.

— *Muhammad and the Origins of Islam,* Nueva York, 1994.

— *The Hajj,* Nueva Jersey, 1994.

Peters, Rudolph, *Islam and Colonialism: The Doctrine of Jihad in Modern History,* La Haya, 1979.

— *Jihad in Classical and Modem Islam,* Princeton, 1996. [Hay versión en español: *La yihad en el islam medieval y moderna,* trad. de Finbarr González, Editorial Universidad de Sevilla, 1999.]

Pinault, David, *The Horse of Karbala,* Nueva York, 2001.

— *The Shiites,* Nueva York, 1992.

Pourjavady, Nasrollah, y Peter Wilson, *Kings of Love,* Teherán, 1978.

Qutb, Sayyid, *Milestones,* Indianápolis, 1993.

— *Social Justice in Islam,* Leiden, 1953. [Hay versión en español: *Justicia social en el islam,* trad. de José Capedello, Almuzara, Córdoba, 2007.]

Rahnema, Ali, ed., *Pioneers of Islamic Revival,* Londres, 1995.

Rashid, Ahmed, *The Taliban,* New Haven, 2000. [Hay versión en español: *Los talibán: el islam, el petróleo y el nuevo «gran juego» en Asia Central,* trad. de Jordi Fibla, Península, Barcelona, 2001.]

Rejwan, Nissim, *Arabs Face the Modern World,* Florida, 1998.

Renard, John, *Seven Doors to Islam,* Berkeley, 1996.

Robinson, Neal, *Christin Islam and Christianity,* Londres, 1991.

Rodinson, Maxime, *Mohammad,* Nueva York, 1971.

Rumi, Jalal al-Din, *Mystical Poems of Rumi* (2 vols.), Chicago, 1968.

—*Rumi: Poet and Mystic,* Londres, 1950.

Russell, W. H., *My Indian Diary,* Londres, 1957.

Sachedina, Abdulaziz Abdulhussein, *Islamic Messianism,* Albany, 1981.

—*The Islamic Roots of Democratic Pluralism,* Oxford, 2001.

—*The Just Ruler in Shi'ite Islam,* Nueva York, 1988.

Schacht, Joseph, *An Introduction to Islamic Law,* Oxford, 1998.

—*Origins of Muhammadan Jurisprudence,* Oxford, 1950.

Schimmel, Annemarie, *And Muhammad Is His Messenger,* Chapel Hill, N. C., 1985.

—*I Am Wind You Are Fire: The Life and Works of Rumi,* Boston, 1992.

Schubel, Vernon, *Religious Performance in Contemporary Islam,* Columbia, 1993.

Schwartz, Martin, *Studies on Islam,* Nueva York, 1981.

Sells, Michael, *Desert Tracings: Six Classical Arabian Odes,* Connecticut, 1989.

Shaban, M. A., *Islamic History: A New Interpretation,* Cambridge, 1994.

Shah, Idris, *The Sufis,* Nueva York, 1964.

—*The Way of the Sufi,* Nueva York, 1969.

Shariati, Ali, *Fatima Is Fatima,* Teherán, 1971.

—*Iqbal: Manifestations of the Islamic Spirit,* Nuevo México, 1991.

Smith, Margaret, *Rabi'a the Mystic and Her Fellow-Saints in Islam*, Cambridge, 1928.

Smith, Wilfred Cantwell, *Islam in Modem History*, Princeton, 1957.

Soroush, Abdolkarim, *Reason, Freedom, and Democracy*, Nueva York, 2000.

Stillman, Norman A., *The Jews of Arab Lands*, Filadelfia, 1979.

Tabataba'i, Muhammad H., *Qur'an in Islam*, Londres, 1988.

— *Shi'ite Islam*, Nueva York, 1979.

Taha, Mahmoud, *The Second Message of Islam*, Siracusa, 1987.

Thompson, Edward J., *The Other Side of the Medal*, Londres, 1925.

Trevelyan, C. E., *On the Education of the People of India*, Hyderabad, 1838.

Trimingham, J. Spencer, *The Sufi Orders in Islam*, Oxford, 1971.

Troll, Christian W., *Sayyid Ahmed Khan: A Reinterpretation of Muslim Theology*, Nueva Delhi, 1978.

Turner, Bryan S., *Weber and Islam: A Critical Study*, Londres, 1974.

Von Denffer, Ahmad, *Ulum al-Quran: An Introduction to the Sciences of the Qur'an*, Leicester, 1983.

Wadud, Amina, *Quran and Woman: Rereading the Sacred Text from a Womans Perspective*, Nueva York, 1999.

Walzer, Michael, *Just and Unjust Wars*, Nueva York, 1977. [Hay versión en español: *Guerras justas e injustas: un razonamiento moral con ejemplos históricos*, Tomás Fernández y Beatriz Eguibar, Paidós, Barcelona, 2005.]

Wansbrough, John, *Quranic Studies: Sources and Methods of Scriptural Interpretation*, Oxford, 1977.

— *The Sectarian Milieu: Content and Composition of Islamic Salvation History*, Oxford, 1978.

Watt, W. Montgomery, *The Faith and Practice of al-Ghazali*, Londres, 1953.

— *Islamic Creeds*, Edimburgo, 1994.

— *Islamic Political Thought,* Edimburgo, 1968.

— *Muhammad at Mecca,* Londres, 1953.

— *Muhammad at Medina,* Oxford, 1956.

— *Muhammad: Prophet and Statesman,* Londres, 1961.

Welch, William M., *No Country for a Gentleman,* Nueva York, 1988.

Wolfson, Harry Austryn, *The Philosophy of Kalam,* Cambridge, 1976.

Zabiri, Kate, *Mahmud Shaltut and Islamic Modernism,* Nueva York, 1993.

Zaheri, Dariush, *The Iranian Revolution: Then and Now,* Boulder, Colorado, 2000.

Zakaria, Rafiq, *The Struggle Within Islam: The Conflict Between Religion and Politics,* Londres, 1989.

Zawati, Hilmi M., *Is Jihad a Just War?* Lewiston, Maine, 2001.

Artículos

Abbot, Freedland, «The Jihad of Sayyid Ahmad Shahid», *Muslim World* (1962) 216-222.

al-Faruqi, Lois Ibsen, «The Cantillation of the Qur'an», *Asian Music* 19:1 (1987) 2-23.

Arafat, W. N., «New Light on the Story of Banu Qurayza and the Jews of Medina», *Journal of the Royal Asiatic Society* (1976) 100-107.

Aslan, Reza, «The Problem of Stoning in the Islamic Penal Code: An Argument for Reform», *Journal of Islamic & Near Eastern Law* 3 (2004).

— «Thus Sprang Zarathustra: A Brief Historiography on the Date of the Prophet of Zoroastrianism», *Jusur: Journal of Middle Eastern Studies* 14 (1998-99) 21-34.

Caetani, Leone, «Uthman and the Recension of the Koran», *The Muslim World* 5 (1915) 380-390.

Conrad, Lawrence I., «Abraha and Muhammad», *Bulletin of the School of Oriental and African Studies* 50 (1987) 225-240.

Gil, Moshe, «The Constitution of Medina: A Reconsideration», *Israel Oriental Studies* 6 (1974) 44-65.

— «The Medinan Opposition to the Prophet», *Jerusalem Studies in Arabic and Islam* 10 (1987) 65-96.

— *«Origin of the Jews of Yathrib»*, *Jerusalem Studies in Arabic and Islam* 4 (1984) 203-224.

Guillaume, Alfred, «New Light on the Life of Muhammad», *Journal of Semitic Studies* (1960) 27-59.

Halperin, David, «The Ibn Sayyad Traditions and the Legend of al-Dajjal», *Journal of the American Oriental Society* 96 (1976) 213-225.

Hawting, G. R., «We Were Not Ordered with Entering It but Only with Circumambulating It: *Hadith* and *Fiqh* on Entering the Kaaba», *Bulletin of the School of Oriental and African Studies* 47 (1984) 228-242.

Huntington, Samuel, «The Clash of Civilizations», *Foreign Affairs* 72:3 (verano 1993) 22-49.

Kister, M. J., «*al-Tahannuth:* An Inquiry into the Meaning of a Term», *Bulletin of the School of Oriental and African Studies* 30 (1968) 223-236.

— «"A Bag of Meat": A Study of an Early Hadith», *Bulletin of the School of Oriental and African Studies* 31 (1968) 267-275.

— «Do Not Assimilate Yourselves...», *Jerusalem Studies in Arabic and Islam* 12 (1989) 321-371.

— «The Market of the Prophet», *Journal of the Economic and Social History of the Orient* 8 (1965) 272-276.

— «The Massacre of the Banu Qurayza: A Reexamination of a Tradition», *Jerusalem Studies in Arabic and Islam* 8 (1986) 61-96.

Nelson, Kristina, «Reciter and Listener: Some Factors Shaping the Mujawwad Style of Qur'anic Reciting», *Ethnomusicology* (primavera/verano 1987) 41-47.

Rahman, Hannah, «The Conflicts Between the Prophet and the Opposition in Medina», *Der Islam* 62 (1985) 260-297.

Reissener, H. G., «The Ummi Prophet and the Banu Israil», *The Muslim World* 39 (1949).

Rubin, Uri, «Hanafiyya and Ka'ba: An Enquiry into the Arabian Pre-Islamic Background of *din Ibrahim*», *Jerusalem Studies in Arabic and Islam* 13 (1990) 85-112.

— «The Ka'ba: Aspects of Its Ritual Function and Position in Pre-Islamic and Early Times», *Jerusalem Studies in Arabic and Islam* 8 (1986) 97-131.

Selección de diccionarios y enciclopedias

A Dictionary of Buddhism, Damien Keown, ed., Oxford, 2003.

The Encyclopedia of Gods, Michael Jordan, ed., Gran Bretaña, 1992.

The Encyclopedia of Indo-European Culture, J. P. Mallory y D. Q. Adams, eds., Nueva York, 1997.

The Encyclopedia of Islam (11 vols.), H. A. R. Gibb y otros, eds., Leiden, 1986.

The Encyclopedia of Religion (16 vols.), Mircea Eliade y otros, eds., Nueva York, 1987.

The Encyclopedia of World Mythology and Legend, Anthony S. Mercatante, ed., Nueva York, 1988.

The Encyclopedia of World Religions, Wendy Doniger, ed. Springfield, Massachusetts, 1999.

The New Encyclopedia of Islam, Cyril Glasse, ed., Walnut Creek, California, 2002.

The Oxford Dictionary of World Religions, John Bowker, ed., Oxford, 1997.

The Oxford Encyclopedia of the Modern Islamic World, John L. Esposito, ed., Oxford, 1995.

Índice temático